教育工学選書 II 11

Lesson Study
（レッスンスタディ）

日本教育工学会 監修
小柳和喜雄・柴田好章 編著

ミネルヴァ書房

は じ め に

　世界的なニュースとして移民問題が取り上げられ，中東やアフリカからヨーロッパを目指す人々が，ハンガリーを移動している放送が流れていた2015年，その年の8月ヨーロッパ教育学会（European Educational Research Association）の年次大会がブダペストで開催された。その際，キーノートのひとつとしてM. Cochran-Smithによる講演がなされた。そこでは，世界的な教育の潮流として次のような転換（Turn）が起こってきたことが述べられていた。

　1つ目は，政策への関心の転換（The policy turn）である。世界が知識エコノミーへシフトして行く中で，今後の世界で求められるニーズに対応していくことへ，教育はどのような貢献ができるか論議されてきた。そこでは，学校改善に効果をもたらすのは「政策」であるという考え方が強く出てきたこと，さらに言えばネオリベラルの影響を受けた政策主導の主張が強く出てきたこと。

　2つ目は，説明責任の関心の転換（The accountability turn）である。教えることや教師教育においては，アウトカムベースの教育の説明責任がもとめられてきた。そのためには，新しいスタンダードが必要である。教えられたことがどのように学習者に理解されたかその評価（Input measure）をするだけでなく，それによってその学習者は何ができるようになったのか（Output measure）を評価することへ関心が向けられてきたこと。

　3つ目は，実践への関心の転換（The practice turn）である。教員養成のプログラムが実際に採用後の学校で機能していないことが指摘され，実践の中で養成を行う考え方へ関心が大きくシフトしてきた（on the job training）。しかし同じ実践（Practice）という言葉を使っていても，すぐに役立つ操作的なスキルを身につけさせることへ関心を向けている場合もあれば，学校実践の中で全体的な取組に触れる中でその学校文化や教員文化を学ばせていくといったことへ関心を向けている場合もあった。つまりそれぞれ異なる実践の視点で論議が行われてきた。このように養成における実践への関心が強くなっているが，理論と実践の往還を目指すことは容易でないこと。

4つ目は，上記3つ目と関連するが，大学や研究に対する関心の転換（The university/ research turn）である。教師教育における大学の役割が周辺に追いやられ，その中で大学の研究や養成の重要性や信頼性が薄れてきたこと。

最後に5つ目は，平等の関心の転換（The equity turn）である。教育の機会均等（教育アクセスの平等）から，学習活動が営まれるその学校の教師の質を問題にすることやスタンダードへの到達（結果責任）保証を指摘することへ，つまり何をもって平等かが問われてきた。しかし一方で，そこで保証を試みている教師の質やスタンダードへの学習者の到達は，結果，ある考え方に基づく姿へ近づく平等性を前提としており，不平等を再生産する構造を温存している問題性がそこにあることも論議されてきた。

以上のような転換（Turn）が，ここ4半世紀くらいの間に生じ，論議されてきたことが述べられていた。

本書で取り上げている，Lesson Studyは，上記のような世界的な教育の潮流の中で，時同じくして，ある課題意識から取り上げられてきた動きのひとつと考えられる。世界の様々な国々で，Lesson Studyは，どのような理由から，どのような歴史的，文化的背景の下で取り上げられてきたのか。Lesson Studyは，日本の授業研究とどのような関係にあるのか。本書は，この点の理解を深め，潮流として語られている転換（Turn）との関係も見つめながら，現在を問い，過去と対話し，今後の授業研究を見つめていくために書かれている。

L. Schulmanは，2005年に，見せたり問うたりして，教え学ばせる具体的な行動（Surface structure），ある知識の様態や手続きに関わって伝える際に前提となっている信念等（Deep structure），ある専門それ自体に内在する態度，価値，志向性を構成する道徳等（Implicit structure）の3つの次元から教育（方法）学の分析を行い，専門職の教育活動の中に特徴的な教育（方法）学（Signature pedagogies in the professions）があることを語った。

本書で取り上げた各国のLesson Studyに関わっても，そこに共通性も見られるが，違い，つまり多様性が見られる。本書を通じてLesson Studyの論議が進み，教育工学の授業研究にもさらなる化学反応が生じれば幸甚である。

　　　平成28年11月　　　　編者を代表して　奈良教育大学　小柳和喜雄

Lesson Study

目 次

はじめに

第Ⅰ部 Lesson Study のバックグラウンド

第1章 Lesson Study の系譜とその動向 … 2
- 1.1 Lesson Study の発端とその展開 … 2
- 1.2 Lesson Study に関する研究報告や論文の動向 … 5
- 1.3 教育工学研究と Lesson Study … 11
- 1.4 Lesson Study の世界的な広がり——各章へのイントロダクション … 13

第2章 日本の授業研究と世界の Lesson Study … 19
- 2.1 世界に広がる日本の授業研究 … 19
- 2.2 米国での *The Teaching Gap* … 20
- 2.3 World Association of Lesson Studies の設立 … 22
- 2.4 国際協力機構（JICA）による授業研究のプロジェクト … 24
- 2.5 日本の大学を中心とする国際協力のプロジェクト … 26
- 2.6 JICA プロジェクトを受けた各国の独自の動き … 28
- 2.7 授業研究のグローバル化とローカル化の課題 … 29
- 2.8 日本の授業研究の強みとは … 31

第Ⅱ部　欧州における Lesson Study

第3章　英国における Lesson Study ……… 36

 3.1　英国の教育動向 ……… 36

 3.2　Lesson Study の普及の背景 ……… 37

 3.3　Lesson Study の普及 ……… 39

 3.4　英国の Lesson Study の概要 ……… 44

 3.5　Lesson Study の事例 ……… 46

 3.6　英国における Lesson Study の位置付け ……… 50

第4章　北欧における Lesson Study ……… 56

 4.1　北欧の教育事情 ……… 56

 4.2　北欧の教員養成と Lesson Study の関係 ……… 57

 4.3　北欧の現職研修と Lesson Study の関係 ……… 58

 4.4　北欧の Lesson Study――スウェーデンの Learning Study を中心に ……… 66

 4.5　まとめにかえて ……… 73

第Ⅲ部　北米における Lesson Study

第5章　カナダにおける Lesson Study ……… 78

 5.1　教師の成長・発達と授業研究 ……… 78

 5.2　オンタリオ州とグランド・エリー学区の教育・Lesson Study ……… 84

 5.3　リビング・セオリーに依拠したアクションリサーチ ……… 87

 5.4　総　　括 ……… 95

第6章　米国における Lesson Study ……………………………… 99
- 6.1　米国の教育改革と教員研修の概要 ……………………………… 99
- 6.2　Lesson Study のはじまり ………………………………………… 100
- 6.3　Lesson Study 研究の発展 ………………………………………… 106
- 6.4　今後の課題 ………………………………………………………… 116

第Ⅳ部　アジア・オセアニアにおける Lesson Study

第7章　中国における Lesson Study ……………………………… 120
- 7.1　中国の教育事情 …………………………………………………… 120
- 7.2　北京市の小学校における Lesson Study ………………………… 126
- 7.3　哈爾浜市の小中高等学校における Lesson Study ……………… 134
- 7.4　中国における Lesson Study の日本への示唆 …………………… 140

第8章　シンガポールにおける Lesson Study …………………… 143
- 8.1　シンガポールの教育の概要と Lesson Study の背景 …………… 143
- 8.2　シンガポールにおける Lesson Study の展開 …………………… 144
- 8.3　シンガポールでの授業研究の実際 ……………………………… 149
- 8.4　シンガポールの理科授業事例の紹介 …………………………… 151
- 8.5　シンガポールの理科授業事例からの示唆 ……………………… 158
- 8.6　シンガポールの理科授業事例の両国の教師の受け止めの違い ……… 161
- 8.7　日本とシンガポールの授業研究における交流の展望 ………… 163

第9章　オーストラリアの授業研究・授業改善 ………………… 165
- 9.1　オーストラリアにおける授業改善の試み ……………………… 166

 9.2 ケリー・バプティスト小学校における授業設計と研修の概要 ……… 174

 9.3 学外研修の実際 …………………………………………………… 179

 9.4 教員の専門性についてのスタンダード ………………………… 180

第Ⅴ部　Lesson Study のパースペクティブ

第10章　Lesson Study と教育工学の接点 …………………………… 188

 10.1 日本の学校で育まれてきた校内研究の文化 …………………… 188

 10.2 Lesson Study に関連する諸領域の研究 ………………………… 191

 10.3 なぜLesson Study に関心が集まってきたのか ………………… 192

 10.4 Lesson Study と教育工学の接点 ………………………………… 195

 10.5 教育工学的アプローチによる Lesson Study 研究の課題 ……… 202

資料　世界授業研究学会の研究動向——発表題目の計量的分析を通して

あとがき

人名索引／事項索引

第 I 部
Lesson Study のバックグラウンド

第1章

Lesson Study の系譜とその動向

小柳和喜雄

　1990年代，子どもたちの学力を，国際調査を通じてその傾向を見る動きが具体化してきた。そして，その学力の結果に影響を及ぼしている教師や授業の実際に，より目が向けられるようになってきた。たとえば，教師教育の価値は何であるのか？　初任の教師とベテランの教師は何を知り，何をすることができるべきなのか？　授業実践の質についての判断はどのようになされるのか？など教師の専門性を問う声，またその育成に向けて何をなすべきかが，さまざまな立場の人からいわれてきた。そのような世界の関心が活発化してくるなか，Lesson Study という言葉が，「子どもたちの学力保証（障）と教師の授業力の関係」「教師の専門的な能力の形成と職場等の専門的な集団の取り組みとの関係」を見ていく専門用語として用いられるようになり，着目されてきた。

　本章では，このように着目されてきた Lesson Study の系譜を Lesson Study の運動がどのように生じてきたかについてからまず概略し，次にどのような研究の経過があったかについて，Lesson Study に関する研究報告や論文の概要からその傾向や動向を調べている。また本選書の母体となる教育工学研究とこの Lesson Study の関係はどうであったのかについて考えている。そして最後に，この後各章で展開される，世界の Lesson Study の取り組みについて，各章へのイントロダクションとして，その全体像について述べている。

1.1　Lesson Study の発端とその展開

　世界で Lesson Study という言葉に衆目が集まり，すでに数十年が経過した。

日本教育方法学会は,『日本の授業研究（上巻）』『日本の授業研究（下巻）』を2009年に発刊し，その刊行の言葉として次のように述べている。「日本の授業研究は，今日，世界に広がっている。1999年に出版された，ドイツと日本とアメリカの授業を比較したスティグラー（Stigler, J. W.）らの『ティーチング・ギャップ（*The Teaching Gap*）』の出版をきっかけとして，当初は，アメリカを中心にした運動であったが，今日では，中国，タイ，マレーシア，オーストラリア，イラン，スウエーデン，イギリスなど世界の多くの国がレッスン・スタディ（授業研究）に熱心に取り組んでいる。2006年には，世界授業研究学会（The World Association of Lesson Studies, WALS, 事務局：香港教育学院）が結成された」。

他書においても，たとえば，Lewis and Hurd（2011）や最近出されたDudley, P（英国のLesson Studyの推進者として本書3章でも取り上げられている人物）が編集した *Lesson Study* のなかのXu and Pedder（2015）によるリサーチレビューにおいても，スティグラーの功績が取り上げられている。またSaitoら（2015）の著書においても，Lesson Studyが世界的に着目されてくる理由として，スティグラーらの『ティーチング・ギャップ』の出版をその発端として取り上げている。

このように，Lesson Studyの運動が展開されてくるきっかけは，TIMSS（Trends in International Mathematics and Science Study）といわれる算数・数学及び理科の到達度に関する国際的な調査（1995年から）で優れて安定した結果を収めている日本の教育の特徴（授業方法，授業の考え方，職員による授業研究等）を，日独米の授業ビデオの比較調査分析結果によって明らかにした『ティーチング・ギャップ』の出版であり，2000年以降それが活発化されてくることが通説である。

しかし，あまり引用はされていないが，同じくスティグラーがスティーブンソン（Stevenson, H. W.）と1994に出版した *The Learning Gap* がある。これは，日本と中国と米国の子どもの学習態度や保護者の意識など学習と関わる文化的な差異について言及した報告書であり，1990年代初頭から日本や中国の取り組みに目を向けていたことを示している書物である。副題に"Why Our Schools

Are Failing and What We Can Learn from Japanese and Chinese Education" と
あるように,日本の子どもたちの学習,そして日本の授業に *The Learning
Gap* の出版よりもかなり早い時期から関心を向けられていたことがわかる。
それには,TIMMS の前身である第2回国際数学教育調査 (1981), 第2回国際
理科教育調査 (1983) などで,日本の子どもたちが,優れた姿を示していたこ
となど,理数科教育を対象とした日米の教育研究の蓄積が影響していたことが
考えられる。

　つまり Lesson Study の運動が展開されてくるきっかけは,確かに *The
Learning Gap* の出版(米国で出版されそれが世界への注目を導いた影響)と
しても,その系譜は以前から理数教育の研究にある。それが,後に展開されて
くる JICA (Japan International Cooperation Agency:独立行政法人国際協力機構) に
よる理数科教育国際支援(①初等・中等教育へのアクセスの拡大,②初等・中
等教育の質の向上,③教育行政・学校運営(マネジメントの改善)の3つを柱
にした基礎教育支援等)の取り組み(広島大学等による取り組み),そして
APEC (Asia-Pacific Economic Cooperation:アジア太平洋経済協力) の HRDWG
(Human Resource Working Group) によるプロジェクト,それを担ってきた筑波
大学等を中心とする算数・数学,理科教育等の推進と関わりなどが,Lesson
Study の運動を推進してきたと考えられる。

　このように,1)米国との関わりの中で日本の授業研究が着目されてくる背
景,2)広くアフリカも含めた途上国への教育支援からくる背景,3)理数科教
育を中心にアジア―パシフィックに帰属する諸国への教育支援からくる背景等
が交差するなか,Lesson Study の運動が推進されてきた。それらが日本でよ
く知られた「学びの共同体」論を掲げ授業研究を通じて学校改革を推進してい
た東京大学の佐藤学氏,米国と共同研究を進めてきた同じく東京大学の秋田喜
代美氏,授業研究の方法論に関わって研究の蓄積を積み上げてきた名古屋大学
グループ(的場正美氏ら)の研究や取り組みに対するアジアを中心とした世界
からの着目と呼応し,先にも触れた2006年の世界授業研究学会 (The World
Association of Lesson Studies, WALS, 事務局:香港教育学院) の結成へとつながっ
ていった。これにより学術的にも Lesson Study の研究が進められるようにな

り，Lesson Study が世界的な広がりをもってきたと考えられる。

1.2　Lesson Study に関する研究報告や論文の動向

　ところで，上記のような展開を示してきた Lesson Study に関して，研究レベルではどのような展開やその傾向があったのだろうか？
　ここでは，ERIC データベースに着目し，そこにリスト化されている研究内容から年代ごとにどのような傾向があるかを見てみる。実際に，Abstract に Lesson Study を含み，ピアレビューをされている論文等を検索してみると，2014年末までに517本の研究論文が見いだされた。
　年度ごとの推移は，図1-1に示したとおりである。1996年～1999年までに14本見られるが，Lesson Study というよりも，Social Study Lesson など，社会科の授業を対象とした研究論文であり，Lesson Study とは直接関わらない研究が含まれていた。しかし，2000年以降は，やはり，*The Teaching Gap* の出版後の影響か，"Lesson Study" を対象とする研究が現れだした（Mousley (2000) によるかけ算の授業研究に関する論文，Hiebert ら (2000) によるビデオスタディに関する論文，Fernandez (2002) による Lesson Study を取り上げた教員の専門性開発に関する論文）。
　また研究関心，対象，方法等のキーワード別に517本の論文を分類してみる

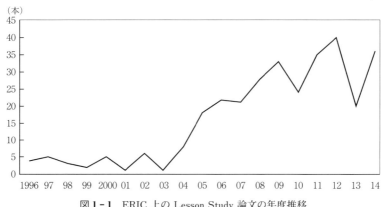

図1-1　ERIC 上の Lesson Study 論文の年度推移

第Ⅰ部　Lesson Study のバックグラウンド

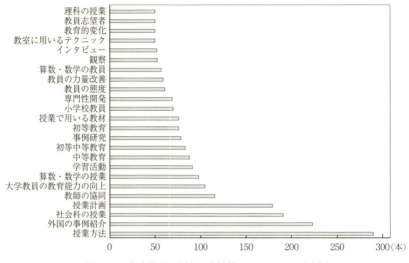

図1-2　研究関心，対象，方法等のキーワード別分類

と（図1-2参照），授業方法（Teaching Methods）に関する研究が一番多く，外国の授業研究の紹介の研究，授業計画に関する研究などが続いていた。興味深いのは，1.1で述べてきたように理数科教育を中心に Lesson Study は進められてきたと考えられるが，教科別に見ると，ERIC データベース上は，社会の授業も，算数，数学の授業，理科の授業を対象とした研究に劣らない本数があった点は興味深い。また図1-2のグラフにはまだ少数で上がってこないが，2006年〜2008年くらいから美術，言語に関する授業も授業研究の対象として取り上げられてくる傾向が見られた。また研究方法としては，事例研究，観察，インタビューといった定性的な方法がよく用いられていたことがわかった。

一方，対象学校別に論文数を分類すると，多いのは，中等教育を対象とした論文が多く，初等教育，高等教育の順でそれに続いていた（図1-3参照）。

より詳細に学年別で見てみると（図1-4参照），先の図1-3の結果（中等教育が多い）とは異なる数字になった。中等教育を対象にしていても，その学年を明示していないと，データベース上カウントされないことが起因していると思われるが，4学年，5学年，3学年を対象とした研究が多かった。

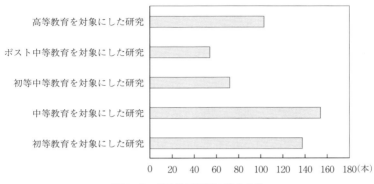

図1-3　対象学校種別の論文本数

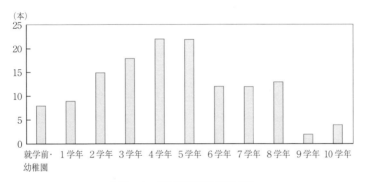

図1-4　対象学年別の論文本数

　最後に，年度ごとの研究傾向の変化を見てみると，2002年頃より次に示すそれぞれのトレンドがあったことが見えてきた。

　まず2002年～2004年頃は，Fernandez（2002），Fernandez, Cannon and Chokshi（2003），Watanabe（2002），Allen and Donham（2004），そしてLewisら（2004）に見られるように教員の職能成長（Professional Development）と関わって，日本の授業研究はどのようなことをしているのか，その特徴は何か，米国と比べてどうなのか，について述べている論文などが多く見られた。またKeeney and Snodgrass（2002）に見られるように，Lesson Studyとアクションリサーチの関係に言及し，教員同士協同的に授業について考えていく研究につ

いても現れてきた。このように日本の授業研究を手がかりにしながら，教員の職能成長と関わって，Lesson Study はどのような意味をもつのかが問われていたのがトレンドであったと考えられる。

次に大きく論文本数が増えてくる2005年～2007年の間では，Rock ら（2005）や Fernandez（2005）の研究などにその特徴が見られるが，教員の教育学的知識やスキルがどのように成長し，専門性開発に寄与しているかに強く目を向ける研究傾向（Teaching Study）が見られた。一方で，Pang（2006）に見られるように，授業デザインに対する学習者の学びの姿の多様性に着目し，そこから教員の専門知識の構築を考えようとする Learning Study に目を向ける研究も報告されていた。そして Epstein（2005）の研究などにその特徴が見られるが，Lesson Study を通じて，教員志望者，現職教員，学校，家庭，地域がどのように協同をしていくことができるか（学校と地域のパートナーシップ）に目を向ける研究，Tsui ら（2007）による Lesson Study を通じた学校と大学のパートナーシップの研究など，学校・大学・コミュニティのパートナーシップと関わって Lesson Study に目を向ける研究が現れてきた。また Lewis ら（2006）による Lesson Study の効果的な研究への言及（研究の効果への言及），Reynolds（2006）の Lesson Study と学校での取り組みの効果への言及，Alvine ら（2007）による Lesson Study が大学院生の成長に及ぼす影響への言及，Hennessy ら（2007）による理科の授業における ICT の活用の効果を見る研究など，Lesson Study の研究手法や効果測定などに関心を向けた研究が見られた。

一方で，米国以外の他の国への Lesson study の広がりについてその現状や状況を述べる研究も現れだした。Saito ら（2006）はインドネシアでの Lesson Study（途上国支援），Pang（2006）による香港での Lesson Study のアプローチ（Learning Study）の解説も現れてきた。

このように2005年～2007年にかけては，1）教員の職能成長と関わってその授業力に関心を向ける傾向（Teaching Study），2）Lesson Study を授業デザインの実験的取り組みとクロスし，学習者の結果の姿の多様性から学習課題などを分析していくことへ関心を向ける（Learning Study）取り組みが論文として現れ始めたこと，3）学校・地域・大学のパートナーシップの構築と Lesson

Study のそれへの貢献等に関する研究傾向，4）Lesson Study の研究手法や効果測定などに関心を向けた研究傾向，そして，5）として，米国以外の他の国への Lesson study の広がりについて現状や状況を述べる研究傾向が，そのトレンドとして見られた。

　続く2008年〜2010年にかけても，論文数が大きく伸びる動きがあった。そこでの研究傾向を見てみると，Fernandez（2008）に見られるような数学の授業を対象にして，教員が協同で授業研究を行い得られた知見を表現していく研究が多く報告されるようになってきた。Juang, Liu, and Chan（2008）に見られるように，教員の教育学的知識（Pedagogical Content Knowledge）を培う上でのLesson Study と Technology の活用の関係を問う研究など，Lesson Study における Technology の活用についての研究報告が増え始めた。また Lesson Study が横に広がる動きとして，West-Olatunji, Behar-Horenstein, and Rant（2008）に見られるように，幼児教育でもその職能成長と関わって Lesson Study が用いられ，その意味について語られるようになってきた。そして Teo（2008）に見られるようにシンガポールでの言語教育における Lesson Study の効果に関する研究，Lee（2008）による香港での Lesson Study の取り組みとそこで，関心に関する報告，Chassels and Melville（2009）によるカナダでの教員養成での Lesson Study の可能性に関する検討など，他国でその頃まであまり取り上げられてこなかった教科内容を対象にした Lesson Study の報告，米国以外の国々での現職研修や養成課程における Lesson Study の導入等の報告が現れ出した。

　一方で，Perry ら（2009）に見られるように，早々に Lesson Study が検討されてきた米国で，米国の教育事情の中でのオリジナルな Lesson Study の検討については以前から述べられていたが，このような取り組みがそもそも米国の教育事情に果たして適合するのかに言及する研究も現れてきた。また Lewisら（2010）による研究に見られるように，Lesson Study をどのように考えるか，人間科学として捉える考え方の提案など，Lesson Study の研究の位置づけ，その考え方についてメタ的に問う研究も現れてきた。

　このように2008年〜2010年にかけては，1）数学の授業を対象にした授業研

究の報告が一層増えてきた傾向，2）Lesson Study において Technology の活用に言及する研究傾向，3）幼児教育でもその職能成長と関わって Lesson Study が取り上げられてくる研究傾向，4）その頃まであまり取り上げられてこなかった教科を対象にした Lesson Study が現れてくる研究傾向，5）米国以外の国々での現職研修や養成課程における Lesson Study の導入等が行われてきたことに関する研究傾向，6）そもそも米国の教育事情に果たして Lesson Study が適合するのかに言及する研究傾向，そして7）Lesson Study の研究の位置づけ，その考え方についてメタ的に問う研究傾向，がそのトレンドとして見られた。

　最後に2011年～2014年までの傾向を見てみると次のような動きが見られた。まず Kotelawala（2011）による Lesson Study を養成のコースに研究方法として位置づける試み，Dotger（2011）による大学院生のティーチング・アシスタントとしての力量を Lesson Study を通じ伸ばす取り組み，などから，養成課程での Lesson Study での活用が具体化し，浸透してきていることがその傾向として理解できた。

　次に Lewis ら（2011）による，Lesson Study を通じて専門家と初心者の教員が分け隔てなく課題の探求を行うことによって双方がメリットを得ていく取り組みへの言及，Lim ら（2011）による，Lesson Study が導入されて5年を経てきている中で，ワークショップに参加した教員への調査を通じて，どのように Lesson Study は受けとめられ，文化差や地域差によって何が壁となっているのか等を明らかにする研究，Pang ら（2012）による，2005年頃より試みられている Lesson Study と授業のデザイン実験を結びつけた Learning Study へ着目する手法をより詳細に示し，その成果を示す研究，など Lesson Study のより効果的な進め方の詳細や，何が受け入れられ何が課題となるかを詳細に調べる研究が現れてきているのが読み取れた。

　また，Saito（2012a）は，この時期までに報告された内容をレビューし，日本と米国の Lesson Study で鍵となっている諸問題を明らかにしている。一方で，Saito（2012b）は，途上国への教育支援のこれまでの知見から，どのような戦略が効果的かについて明らかにしている。また，Fujii（2014）は，諸外国

で Lesson Study が展開されていることを認めながらも，そこでは日本が示してきた Lesson Study とは異なるものが Lesson Study として理解されていることなどを明らかにしている。このように，これまでの Lesson Study の取り組みの展開について，米国で，また他国，とくに途上国でどのようになされてきたかに関するレビューがさまざまに行われてきている傾向が見られた。

　以上のように2011年～2014年にかけては，1) 養成課程での Lesson Study での活用が具体化し，浸透してきていることを示す傾向，2) Lesson Study のより効果的な進め方の詳細や，何が受け入れられ何が課題となるかを詳細に調べる研究傾向，そして3) 米国で，また他国，特に途上国で Lesson Study がどのようになされてきたかに関するレビューがさまざまに行われてきている研究傾向，がそのトレンドとして見られた。

1.3　教育工学研究と Lesson Study

　では，以上のような Lesson Study の動きと教育工学研究はどのような関係をもってきたのか？

　教育工学研究は，Lesson Study の原動力となっている日本の授業研究をその研究対象として（教育工学研究の重要な分野として）おさえ，研究の蓄積を積んできた。たとえば，吉崎（2012a）[1]は，これまでの授業研究の動向を整理した後で，「教育工学的アプローチによる授業研究」を次のように特徴付けている。「教育工学的アプローチによる授業研究の特徴は，システムズ・アプローチやアクションリサーチなどの方法をとりながら，授業を多様な構成要素からなる一つのシステムとみなして，PDCA のサイクルを通して授業改善を行うことにある」。そして授業研究の領域を「授業設計（授業デザイン）」「授業実施」「授業分析・評価」「授業改善」「学習環境」「教師の授業力量形成」「授業研究の方法」の7つの領域にまとめ，教育工学的アプローチで進められてきたさまざまな授業研究書の内容を取り上げ，そこでのキーワードや方法を紹介している。このように教育工学研究は授業研究とは密接な関わりをもってきたといえる。

第 I 部　Lesson Study のバックグラウンド

　しかし世界に広がる Lesson Study への関与は，たとえば，本学会員でいえば，認知科学を専門とする Oshima ら（2006）や教育方法学を専門とする Shibata（Matoba ら（2007）の共著者）が比較的早く関与してきたが，多くの会員が関与してくるのは，同じく吉崎（2012b）も記しているように2010年以降という最近のことである（2010年ブルネイで開催された The World Association of Lesson Studies：世界授業研究学会で本学会員による学会で申請した科学研究費基盤研究Bの支援による研究発表（代表：吉崎静夫），そしてこの後，第5章で紹介されているが，日本女子大学で2013年に開催された国際的な招待講演も含めた Lesson Study に関するシンポなど）。日本の教育工学的アプローチによる Lesson Study が，世界的にどのような役割や影響を及ぼすかは，今後の取り組みにかかっているともいえる。
　そのため，本書では，授業研究の蓄積はあるが，Lesson Study との接点や世界の Lesson Study 研究に対する教育工学研究の貢献がこれからであることを鑑み，その関連情報をより学会で共有していくため，以下のような章構成をとることにした。
　続く第2章からは，日本の授業研究の歩みやその力点，方法論の特徴をまずおさえる。そして Lesson Study の世界的な広がりを見ていくために，第3章以降，1）欧州から英国と北欧の取り組み，2）北米からはカナダと米国の取り組み，3）アジア・オセアニアからは，中国，シンガポール，そしてオーストラリアの取り組みを取り上げている。これは，先にも触れた，2006年に発足が決められ2007年に初めて大会を開催した WALS（The World Association of Lesson Studies：世界授業研究学会）に参加している，英国，スウェーデン，米国，カナダ，中国，タイ，インドネシア，マレーシア，ブルネイ，オーストラリア，イラン，カザフスタン，アフリカの諸国などを鑑み，選定を行った。最後に第10章では，教育工学研究が Lesson Study の取り組みにどのような貢献の可能性をもつか，また巻末資料では，WALS の研究動向を把握することに努める構成とした。

1.4　Lesson Study の世界的な広がり──各章へのイントロダクション

　まず，本章に続く第2章では，より日本の授業研究の歩みやその力点，方法論の特徴を逆照射するために，授業研究と Lesson Study の関係について解説している。第2章では，「Lesson Study のバックグラウンド」の把握に関する情報の提供が行われている。この先紹介される世界に広がる Lesson Study のそれぞれの特徴を把握し，日本の授業研究との類似点や日本の授業研究が影響を与えてきた点などを考える枠組みを提供してくれる章である。

　第3章では，学力向上に寄与する評価の在り方の研究と関わって発展してきた英国の Lesson Study が取り上げられ，その発端や当初の手法，現在の取り組み動向や現在の授業研究の手法，また養成段階や現職研修で Lesson Study がどのような位置付けで用いられているのか，その取り組みの様子などが解説されている。

　第4章では，北欧の取り組みとして，おもに Variation Theory に基づく Learning Study に関心を向けたスウェーデンの Lesson Study が取り上げられている。北欧で授業研究が行われる場合，養成課程での取り組みが多く，現職研修で授業観察や事後検討会を伴う研究を取り上げるのは，まだそれほど多くはないこと，一方で専門性開発（Professional Development），専門的な学習共同体（Professional Learning community）の構築やそこでの専門的な学び，専門性意識やその自覚（Professional Identity）等に関する取り組みには関心が向けられていること，などが解説されている。

　第5章では，日本の授業研究の歩みにも触れながら，続く米国の取り組みとも関係する北米での授業に関する研究関心や学会等での発表傾向，それらのルーツに関する内容がまず解説されている。そしてカナダにおける Lesson Study の姿が，訪問記録や日本で開催された国際シンポジウム講演記録などを用いて語られ，その関心や力点，具体的な手法等が詳細に解説されている。

　第6章では，日本の子どもたちの学力を保証している学校や教員の職能開発に大きな貢献を果たしている取り組みとして，授業研究に着眼し，Lesson

第Ⅰ部　Lesson Study のバックグラウンド

Study の世界的な広がりに影響を与えた米国の取り組みを取り上げている。ここでは，米国の Lesson Study の歩みに言及し，米国の教育事情の中で，どのような取り組みがこれまで行われ，今後どのような方向に向かおうとしているのかについての研究の動きとその解説がなされている。

　第7章では，日本と同様に授業研究に以前から関心をもち，WALSの設立に尽力してきた香港の取り組みを有する中国の取り組みを取り上げている。香港の取り組みは4章でもふれているが，比較的知られているため，本章ではむしろ中国のメインランドでの授業研究の取り組みの詳細が取り上げられている。そして，おさえておくべき中国の教育事情から，授業研究が実際にどのように進められているか，事例を取り上げながら紹介がなされている。中国の授業研究の具体的姿が捉えられる章となっている。

　第8章では，近年活発に Lesson Study の取り組みを通じて教育の質の改善や教員の専門性開発（Professional Development）が進められてきているシンガポールの取り組みが取り上げられている。シンガポールの教員文化と教育の質保証に Lesson Study がどのように関わっているのか，計画的組織的に進められているシンガポールの教員養成や現職研修がどのように Lesson Study と関わっているか，などもここから読み取れる章である。

　第9章では，オーストラリアでの授業改善の取り組みの具体的事例と，授業設計の研修の取り組み事例や学外での授業に関する研修例の分析から，オーストラリアでの Lesson Study の関心を垣間見ようとしている。また最近オーストラリアで（国レベルで）推進されている教員の専門性についてのスタンダードの詳細について触れ，教師に求められる力量という点からも，オーストラリアでの職能成長と学校での授業と関わる研究の姿を考えようとしている章である。

　最後に10章では，「Lesson Study のパースペクティブ」として，これら世界に広がる Lesson Study の取り組みが，日本の授業研究，より本章の位置づけからすれば，今後の教育工学研究とどのように関わっていくのか，教育工学研究が Lesson Study の取り組みにどのような貢献の可能性をもつかについてその展望を述べている。

第1章 Lesson Study の系譜とその動向

　また巻末資料では,「Lesson Study に関する研究関連情報」として, WALS (The World Association of Lesson Studies：世界授業研究学会) での研究動向を紹介している。

　本書を通じて Lesson Study について, 現在の世界の Lesson Study の動向やその関連研究のマップがいくらかでも描けることを期待している。

注
(1) 日本教育工学会で, 口頭発表も含めると,「授業研究」をキーワードに挙げ, それを意識した研究は, 2015年3月末現在で170件あった。しかし, 査読を経た「日本教育工学会論文誌（和文誌）（英文誌）（ショートレター特集）」に掲載された研究論文は, 14件であり, 多くの研究（量的な意味において）が学術的に十分蓄積されているとは言いにくい点もある。

参考文献

Allen, D. and Donham, R. (2004) "Tanner, Kimberly Approaches to Biology Teaching and Learning: Lesson Study-Building Communities of Learning among Educators," *Cell Biology Education*, 3 (1): 1-7.

Alvine, A., Judson, T. W., Schein, M., and Yoshida, T. (2007) "What Graduate Students (and the Rest of Us) Can Learn from Lesson Study," *College Teaching*, 55 (3): 109-113.

Chassels, C. and Melville, W. (2009) "Collaborative, Reflective, and Iterative Japanese Lesson Study in an Initial Teacher Education Program: Benefits and Challenges," *Canadian Journal of Education*, 32 (4): 734-763.

Dotger, S. (2011) "Exploring and Developing Graduate Teaching Assistants' Pedagogies via Lesson Study," *Teaching in Higher Education*, 16 (2): 157-169.

Epstein, J. L. (2005) "Links in a Professional Development Chain: Preservice and Inservice Education for Effective Programs of School, Family, and Community Partnerships," *New Educator*, 1 (2): 125-141.

Fernandez, C. (2002) "Learning from Japanese Approaches to Professional Development: The Case of Lesson Study," *Journal of Teacher Education*, 53 (5): 393-405.

Fernandez, C., Cannon, J., and Chokshi, S. (2003) "A U.S.-Japan Lesson Study Collaboration Reveals Critical Lenses for Examining Practice," *Teaching and Teacher Education*, 19 (2): 171-85.

Fernandez, M. L. (2005) "Learning through Microteaching Lesson Study in Teacher Preparation," *Action in Teacher Education*, 26 (4): 36-47.

Fernandez, M. L. (2008) "Developing Knowledge of Teaching Mathematics through Cooperation and Inquiry," *Mathematics Teacher*, 101 (7): 534-538.

Fujii, T. (2014) "Implementing Japanese Lesson Study in Foreign Countries: Misconceptions

Revealed Mathematics," *Teacher Education and Development*, 16 (1) : 2-18.
Hennessy, S., Wishart, J., Whitelock, D., Deaney, R., and others (2007) "Pedagogical Approaches for Technology-Integrated Science Teaching," *Computers and Education*, 48 (1) : 137-152.
Hiebert, J. and Stigler, J. W. (2000) "A Proposal for Improving Classroom Teaching : Lessons from the TIMSS Video Study," *Elementary School Journal*, 101 (1) : 3-20.
Juang, Y.-R., Liu, T.-C., Chan, T.-W. (2008) "Computer-Supported Teacher Development of Pedagogical Content Knowledge through Developing School-Based Curriculum," *Educational Technology & Society*, 11 (2) : 149-170.
Keeney, M. A. and Snodgrass, D. (2002) "Lesson Study with Action Research : Is the 4-Column Writing Method 4 Real ?" *Mid-Western Educational Researcher*, 15 (4) : 7-15.
Kotelawala, U. (2011) "Lesson Study in a Methods Course : Connecting Teacher Education to the Field," *Teacher Educator*, 47 (1) : 67-89.
Lee, J. F. K. (2008) "A Hong Kong Case of Lesson Study–Benefits and Concerns," *Teaching and Teacher Education : An International Journal of Research and Studies*, 24 (5) : 1115-1124.
Lewis, C., Perry, R., and Hurd, J. (2004) "A Deeper Look at Lesson Study," *Educational Leadership*, 61 (5) : 18.
Lewis, C., Perry, R., and Murata, A., (2006) "How Should Research Contribute to Instructional Improvement ? The Case of Lesson Study," *Educational Researcher*, 35 (3) : 3-14.
Lewis, C. C., Akita, K., and Sato, M. (2010) "Lesson Study as a Human Science," *Yearbook of the National Society for the Study of Education*, 109 (1) : 222-237.
Lewis, C. C., Perry, R., Foster, D., Hurd, J., and Fisher, L. (2011) "Lesson Study : Beyond Coaching," *Educational Leadership*, 69 (2) : 64-68.
Lewis, C. C. and Hurd, J. (2011) *Lesson Study. Step by Step. How Teacher Learning Communities Improve Instruction*. Portsmouth, NH : Heinemann.
Lim, C., Lee, C., Saito, E., and Haron, S. S. (2011) "Taking Stock of Lesson Study as a Platform for Teacher Development in Singapore," *Asia-Pacific Journal of Teacher Education*, 39 (4) : 353-365.
Matoba, M., Shibata, Y., and Sarkar Arani, M. R. (2007) "School-University Partnerships : A New Recipe for Creating Professional Knowledge in School," *Educational Research for Policy and Practice*, 6 (1) : 55-65.
Mousley, J. (2000) "Understanding Multiplication Concepts," *Australian Primary Mathematics Classroom*, 5 (3) : 26-29.
日本教育方法学会編（2009a）『Lesson Study in Japan 日本の授業研究　授業研究の歴史と教師教育（上巻）』学文社.
日本教育方法学会編（2009b）『Lesson Study in Japan 日本の授業研究　授業研究の方法と形態（下巻）』学文社.
Oshima, J., Horino, R., Oshima, R., Yamamoto, T., and others (2006) "Changing Teachers'

Epistemological Perspectives: A Case Study of Teacher-Researcher Collaborative Lesson Studies in Japan," *Teaching Education,* 17 (1): 43-57.

Pang, M. F. (2006) "The Use of Learning Study to Enhance Teacher Professional Learning in Hong Kong," *Teaching Education,* 17 (1): 27-42.

Pang, M. F. and Ling, L. M. (2012) "Learning Study: Helping Teachers to Use Theory, Develop Professionally, and Produce New Knowledge to Be Shared," *Instructional Science: An International Journal of the Learning Sciences,* 40 (3): 589-606.

Perry, R. R. and Lewis, C. C. (2009) "What Is Successful Adaptation of Lesson Study in the US?" *Journal of Educational Change,* 10 (4): 365-391.

Reynolds, D. (2006) "World Class Schools: Some Methodological and Substantive Findings and Implications of the International School Effectiveness Research Project (ISERP)," *Educational Research and Evaluation,* 12 (6): 535-560.

Rock, T. C., and Wilson, C. (2005) "Improving Teaching through Lesson Study," *Teacher Education Quarterly,* 32 (1): 77-92.

Saito, E., Harun, I., Kuboki, I. and Tachibana, H. (2006) "Indonesian Lesson Study in Practice: Case Study of Indonesian Mathematics and Science Teacher Education Project," *Journal of In-service Education,* 32 (2): 171-184.

Saito, E. (2012a) "Key Issues of Lesson Study in Japan and the United States: A Literature Review," *Professional Development in Education,* 38 (5): 777-789.

Saito, E. (2012b) "Strategies to Promote Lesson Study in Developing Countries," *International Journal of Educational Management,* 26 (6): 565-576.

Saito, E., Murase, M., Tsukui, A., and Yeo, J. (2015) *Lesson Study for Learning Community. A guide to sustainable school reform,* London & New York: Routledge.

Sarkar Arani M. R., Fukaya, K., and Lassegard, J. P. (2010) "'Lesson Study' as Professional Culture in Japanese Schools: An Historical Perspective on Elementary Classroom Practices," *Nichibunken Japan review* (International Research Center for Japanese Studies) 22: 171-200.

Stevenson, H. W. and Stigler, J. W. (1994) *The Learning Gap: Why Our Schools Are Failing and What We Can Learn from Japanese and Chinese Education,* New York: Touchstone book.

Stigler, J. W. and Hiebert, J. (1999) *The Teaching Gap: Best Ideas from the World's Teachers for Improving Education in the Classroom,* New York: The Free Press.

Teo, P. (2008) "Outside In/Inside Out: Bridging the Gap in Literacy Education in Singapore Classrooms," *Language and Education,* 22 (6): 411-431.

Tsui, A. B. M., and Law, D. Y. K (2007) "Learning as Boundary-Crossing in School-University Partnership," *Teaching and Teacher Education: An International Journal of Research and Studies,* 23 (8): 1289-1301.

Watanabe, T. (2002) "Learning from Japanese Lesson Study," *Educational Leadership,* 59 (6): 36-39.

第Ⅰ部　Lesson Study のバックグラウンド

West-Olatunji, C., Behar-Horenstein, L., and Rant, J. (2008) "Mediated Lesson Study, Collaborative Learning, and Cultural Competence among Early Childhood Educators," *Journal of Research in Childhood Education,* 23 (1) : 96.

吉崎静夫（2012a）「教育工学としての授業研究」水越敏行・吉崎静夫・木原俊行・田口真奈『授業研究と教育工学』ミネルヴァ書房．

吉崎静夫（2012b）「世界における授業研究の普及と展望」水越敏行・吉崎静夫・木原俊行・田口真奈『授業研究と教育工学』ミネルヴァ書房．

Xu, H. and Pedder, D. (2015) "Lesson Study. An international review of the research," In Dudley, P. (Ed.) *Lesson Study. Professional learning for our time,* London & New York : Routledge.

第 2 章

日本の授業研究と世界の Lesson Study

柴田好章

2.1 世界に広がる日本の授業研究

　授業研究とは授業を共同して観察し事実に基づいて討議することにより，そのプロセスの特徴を明らかにし，授業の改善や教師の力量の向上に資する営みである。近年，日本の授業研究が世界に広がりを見せている。Jugyou Kenkyu と日本語のまま紹介されることもしばしばである。授業研究の国際化を象徴する出来事として，2006年には，World Association of Lesson Studies（世界授業研究学会，WALS）と呼ばれる世界授業研究学会が設立され，世界的なネットワークも構築されている。

　日本の授業研究が世界に伝播した経路は多様であり，また受容やその後の展開も多様である。日本の授業研究との相互の交流をもちつつも，それとは独立して展開している海外の研究の流れもある。加えて，日本においても，学校，地域，研究分野，研究者によっても考え方が異なり，日本の授業研究にそもそも一つの定まった形式があるわけではない。

　したがって，日本の授業研究と諸外国の Lesson Study との関連を整理するのは容易なことではない。本章では，こうした多重性・多様性に起因する限界を含みながらも，授業研究と Lesson Study の世界を素描してみたい。

　本章では，日本の授業研究の世界への広がりを俯瞰するために，以下の3つの潮流を取り上げる。すなわち，米国で広がる授業研究の動き，世界授業研究学会の動向，国際協力としての授業研究の広がりについて述べる。最後に，授業研究と世界の Lesson Study の持続可能性とローカル化の課題を提起する。

第 I 部　Lesson Study のバックグラウンド

2.2　米国での *The Teaching Gap*

　日本の授業研究が世界に広く知られるようになったきっかけは，ジェームス・スティグラーとジェローム・ヒーバートによる *The Teaching Gap*（Stigler & Hiebert 1999）という書籍である。本書をきっかけに世界各国の研究者が日本の授業研究を注目するようになった。本書では，日・米・独の授業の違いをビデオ記録に基づき分析し，授業をとりまく社会文化的な背景も含めて考察している。本書の中で，TIMSS（国際数学・理科教育動向調査）における高い成績を示している日本の授業を支える背景として，教師同士の共同的な研究である授業研究が紹介されている。

　さらに遡れば，スティグラーらによる授業の国際比較研究（Stigler, Lee & Stevenson 1989）が，この流れの源流になっている。米国での授業研究の始まりと発展に関して論じた的場（2005）による研究動向の整理を要約すると，以下のようになる。スティグラーは指導生の吉田誠を通じて1989年に授業研究を知り，1991年に吉田とフェルナンデスとともに，日・米の数学授業の比較分析を開始した。スティグラーは，その後 UCLA に異動となり，1993年から1994年には，UCLA の実験学校において，米国初の授業研究グループの立ち上げ，TIMSS のビデオ研究にも着手した。1995年から1996年にはビデオ分析のためのコードを開発し，1997年には『ティーチング・ギャップ』の執筆を開始し，1999年に同書の公刊にいたる。その間吉田は，1993年から1994年にかけて博士論文のために日本の授業研究を精力的に調査し，1999年に博士論文を完成させた。また，C. ルイスは，1995年に授業研究に関する著作（Lewis 1995）等をへて，1999年にカリフォルニアの教師と授業研究を開始している。

　的場（2005）は，草創期の米国の授業研究の特色を以下のように3点で整理している。

① スティグラーグループの比較授業研究
　スティグラーらは，日米独の数学授業のビデオ記録をもとに，授業内容を

コーディングし，特徴を明らかにしている。「一つの文化内において学習指導とは何かに関する心象，イメージ」を台本（Scripts）と呼び，この学習指導に関する文化の台本を改善するために，日本の授業研究に注目して，以下の6つの原則を提案している。①持続的・漸進的・微小増加的改善であること，②児童・生徒の学習目標に常に焦点を当てること，③教師にではなく学習指導に焦点を当てること，④授業の場において改善すること，⑤改善を教師の仕事とすること，⑥実体験から学びうる仕組みを構築すること。

② フェルナンデスグループの学習指導の改善

　フェルナンデスら（Fernandez, Cannon, & Chokshi, 2003 ; Chokshi & Fernandez）は，授業研究を中心とする日本の校内研修を米国に導入するための具体的方法を明らかにしている。包括的な目標設定や，体制づくり，指導案の様式，効果的な討議時間のもち方，協働的な授業計画，研究授業の観察方法，データ収集のツール，フィードバックの方法などが提案されている。また，教師が，①研究者の目をもって見ること，②子どもの学びがどのように連続していくかというカリキュラムの目をもって見ること，すなわち，子どもの目をもって見ることの重要性を指摘している。

③ ルイスグループの子ども理解を中心とした授業研究

　ルイスグループの授業研究の特徴は，子どもを重視する視点が加わっている。上述の2つのグループと比較すると，日本の教師が子どもの学びや態度を全体的に観察している点に特徴がある。ルイスが行った日本の教師たちへのインタビューでは，①教材について知識をより増やすこと，②教授についての知識を増やすこと，③生徒を観察するための能力を増大させること，④教職員間のネットワークをより強くすること，⑤日常の実践と長期の目標とのつながりをより強くすること，⑥動機と効果があったという感覚を強くすること，⑦利用できる授業計画の質を高めることが鍵であること，が明らかにされている。

　以上，米国での授業研究の草創期の研究動向を確認したが，その後10年以上経過した現在においても，今後の研究の方向性を示す重要な視点を引き出すこ

第 I 部 Lesson Study のバックグラウンド

とができる。ルイスは，日本文化研究として，日本の教育文化の根底を支えて，これを特徴づけるものとして教室の学びである授業研究に着目している。フェルナンデスは，具体的な米国の教師の悩みに誠実に対応しながら，教師による研究として授業研究の導入と定着を図っている。スティグラーは，理論的・原理的に，授業とは何か，ティーチングとは何かを，比較文化的に考察を深めようとしている。これらの課題を整理すれば，1）日本の授業研究の特質の解明，2）授業研究の異文化への移転可能性の追究，3）比較文化研究にもとづく授業の本質的な理解と意味づけることができるであろう。これらは日本の授業研究に関わる研究者が今後応答していくべき課題であるといえる。

　こうした点は，文化的実践である教育において，技術の移転はどこまで可能であるかという教育工学（Educational Technology）の根本的な問題をも提起している。移転には深い文化的な理解が必要であり，アメリカでの授業研究の導入においては，当初からこの点に対して思慮深く検討されてきていることに注目すべきであろう。スティグラーの提起した授業の文化的台本の課題は，我が国の研究に影響を与え，後述するサルカール　アラニ・柴田・久野らによる比較授業分析へと引き継がれている（Sarkar Arani, Shibata, et al. 2014）。

2.3　World Association of Lesson Studies の設立

　2007年に World Association of Lesson Studies（WALS）が設立され，以来，年1回の国際会議，2011年からは国際ジャーナル（International Journal of Lesson and Learning Studies）の刊行が続けられている。この学会の名称が，Lesson Study ではなく，Lesson Studies という複数形の名称であることは，世界の Lesson Studies の多様性と学会成立の背景が大きく影響している。

　WALS を構成する主要な拠点である，香港やスウェーデンでは，マートンによるヴァリエーション・セオリーを背景とした Learning Study の研究を展開している（Lo & Marton 2012）。学会の設立においては香港教育学院（HKIED：Hong Kong Institute of Education）が果たした役割が大きい。学会設立前には，香港教育学院がホストとなり，ロー・マンリンを中心に，2005年と2006年の2回，

国際会議が開催された。そこで集まった専門家のメンバーが中心となり，学会が設立された。また，イギリスのAction Researchの大家であるジョン・エリオットは香港教育学院の客員教授を務めるなど，香港でのLearning Studyに対する指導的立場にある。専門家メンバーには上記の香港教育学院にもともと縁のあったメンバーに加えて，シンガポールからクリスティン・リー，ブルネイからキース　ウッド，オーストラリアからコリン・マーシュ，日本からは，東京大学を中心とするグループ（佐藤学・秋田喜代美）と名古屋大学を中心とするグループ（的場正美・久野弘幸・柴田好章・サルカール　アラニ　モハメッド　レザ）が参加していた。

　こうした多様性を背景に，学会設立準備を行った専門者会議（2006年，香港）では学会名が議論となった。Learning Studyも含む，授業の多様な研究を包括する概念として，複数形であるLesson Studiesが学会名称となった。したがって，日本の授業研究との結びつきを強くもちながらも，授業研究（Jugyou Kenkyu），Action Research，Learning Study，Lesson Studyなど，多様性を包括する概念としてLesson Studiesが選ばれている。

　以上の通り，Lesson Studiesの国際ネットワーク構築は，当初から多様性を含みつつ，異なる国・地域の研究者の交流を基盤としていた。すなわち１つの典型的なモデルが世界に広がるのではなく，共通点・相違点を含みながら互いに学び合うことを可能としていた。これには，香港教育学院の精力的な活動に負うところが大きい。学会設立前には，香港に世界の研究者を招聘するとともに，日本にも香港の主要な研究者を派遣し，日本の学校の授業研究会に参加し大学にも訪問している。また，WALSの設立の発端となった２度の国際会議においては，各国の研究事例の交換が重視されるなど，国・地域ごとのオリジナリティや多様性が尊重される運営がなされていた。

　その精神は，その後のWALSの運営にも引き継がれている。初代会長の香港教育学院のローの後，UKのエリオット，シンガポールのリーが，会長を務め現在にいたっている。また，2011年に，学会を母体として，*International Journal of Lesson and Learning Studies*が発刊し，定期的に論文が掲載されている。

WALS設立後,参加者・参加国も順調に増加し,そのコミュニティは拡大している。2015年のカンファレンスでは,32ヵ国から600名程度が集合している。

また,特筆すべき点は,WALSの設立によって,各領域に点在していた日本人の研究者同士のネットワークも強化されている点である。日本の国内学会でも授業研究をリードする研究者が多くいるが,教育工学,教育方法学,カリキュラム学,教師教育学,教育実践学,教育心理学,各教科教育学,大学教育学と,活動場所はさまざまである。こうした国内では細分化された領域によって,交流の少ない研究者同士も,WALSの場では交流するようになっている。国際的な研究交流の場が,国内の研究交流の活性化にも寄与している。

2.4　国際協力機構(JICA)による授業研究のプロジェクト

独立行政法人国際協力機構(JICA)は,インドネシア,モンゴル,ザンビアなどの世界の各地で,日本の授業研究の導入を支援し,現地の授業改善と教師の力量向上を図っている。JICAによる支援では,現地で拠点となる組織や大学を中心にして,授業研究の研究チームを組織するとともに,指導者になりうる人材を日本に招いた研修をしている。これらを通して日本の授業研究が世界に広がっている。

もっとも早い段階から大規模にJICAによる授業研究の移転が進められたのがインドネシアである。インドネシアでは,当初は,理数教育の充実のために授業研究が導入された。その変遷をたどると,「初中等理数科教育拡充計画(IMSTEP)」(1998-2003),「フォローアップ協力」(2003-2005),「インドネシア国前期中等理数科教員強化プロジェクト(SISTTEMS)」(2006-2008),「前期中等教育の質の向上プロジェクト(Pelita)」(2009-2013)と,授業研究を中心としたプロジェクトが進められてきた。Pelitaプロジェクトの内容は,JICAのWebサイトによると,表2-1の通りであり,活動内容は多岐にわたっている。

インドネシアでは,PDSサイクルとして授業研究が紹介され,このモデルによって授業改善が行われてきた。

第2章 日本の授業研究と世界のLesson Study

表2-1 JICAのインドネシアでのプロジェクト

上位目標：参加型学校運営と授業研究を通じて前期中等教育の質が広く国内において向上する。
プロジェクト目標：教育の質向上のための重要な要素である参加型学校運営と授業研究を普及し，実施するための，中央・地方教育行政，学校の能力と縦の連携（中央・地方教育行政，学校間）と横の連携（先行州・県・学校とこれから普及を行う州・県・学校間）が強化される。

成　果
1　参加型学校運営と授業研究を普及するための中央レベルの計画立案・調整能力が強化される。
2　参加型学校運営と授業研究を普及するための地方レベルの能力が強化される。
3　参加型学校運営と授業研究を実施する能力がレファレンスサイトで強化され，対象地域で開発される。

活　動
1-1．参加型学校運営と授業研究に関する地域のニーズを調査する。
1-2．参加型学校運営と授業研究の普及に関する計画，調整及び政策立案を支援する。
1-3．参加型学校運営と授業研究を独自のイニシアティブで採用する地方政府に対して技術的なアドバイスを行う。
1-4．地方レベルでの参加型学校運営と授業研究の普及に関する評価・モニタリングを実施する。
1-5．研修教材の開発及び研修実施について他の援助機関と協働及び調整を行う。
1-6．教育関係者及び他の援助機関を対象に普及のためのフォーラムを開催する。
2-1．中央レベルでのマスタートレーナー研修を計画する。
2-2．参加型学校運営と授業研究に関する研修教材を開発する。
2-3．マスタートレーナー研修を実施する。
2-4．指導主事，校長，教員対象の地方レベルの研修について教員研修機関に対して技術的支援を行う。
2-5．参加型学校運営と授業研究の普及について州教育局及び州宗教省事務所に対して技術支援を行う。
3-1．バンテン州の3県・市における参加型学校運営の自立的実施に向けた支援を行う。
3-2．ジャワ島内の3地域における授業研究の実施能力を強化する。
3-3．ジャワ島外の新規3サイトで授業研究を導入し，普及する。

　また，JICAの支援を中心的に受けている，インドネシア教育大学，マラン大学，ジョグジャカルタ大学は，近隣地域の学校に対して授業研究の普及を支援するとともに，インドネシア各地での授業研究の研究会・講演などに出向くことによって，インドネシア全土での授業研究の普及に努めている。インドネシア教育大学のスマール，マラン大学のイブロヒムは，インドネシアでの授業研究の普及に大きな役割を果たしている中心人物である。また，最近では

JICA を中心にした動きから，JICA と関わりながらも独自の展開がインドネシアでは広がっている。

一方，モンゴルでは，2006年より，3年間ずつ2フェイズ，計6年間のJICA のプロジェクトにより授業研究の導入が図られてきた。モンゴルでは，児童中心の教育を実現するための手段として授業研究が用いられ，東京学芸大学がこれを支援した。

また，JICA によって，ザンビアなどのアフリカの国々にも授業研究の導入が進められた。こうした各地での JICA の取り組みについては，世界の授業研究に関わる研究者からも関心が集まっており，2014年 WALS の専門家セミナーにおいて JICA の取り組みの発表が行われるとともに，2015年の WALS のカンファレンスにおいても，JICA の取り組みに対して特別のセッションが開かれている。

日本発の教育分野における国際協力として，授業研究が盛んに行われる背景は，もちろんそれぞれのプロジェクトの効果を上げることが期待されるからであろうが，教育の機会の保障や，教科書・カリキュラムに続いて，教育の質を向上するためには教師の力量がなにより重要であることを物語っている。また，授業の改善のための授業研究のモデルとして用いられる PDCA や PDS のサイクルは，技術移転，国際開発としての JICA の事業の遂行と親和性が高いものであるといえよう。そのサイクルの特徴は，現地のニーズに合わせて計画し，効果を検証しながら次の実践へとつなげていくというものである。ただし，初期導入に JICA が関わった国や地域において，その後もどの程度実際に定着しているのかや，自発的持続的な授業研究のサイクルが継続しているのかどうかについては，今後も検証を続ける必要があろう。

2.5 日本の大学を中心とする国際協力のプロジェクト

上記の JICA には，日本の大学関係者も大きな貢献をしているが，JICA の動きとも関連をもちながらも，大学が独自に組織として国際協力のプロジェクトを展開している例もある。

① 筑波大学を中心とするプロジェクト

　筑波大学では，APECの数学教育のプロジェクトを推進している。磯田（2010）によれば，このプロジェクトは，「APEC人材養成部門（HRDWG）において，2004年チリの教育大臣会合で承認された第一主題，理数教育の振興にかかるプロジェクトとして採択」され，2005年に開始された。タイのコンケン大学と連携し，毎年授業研究のカンファレンスを実施している。

② 広島大学を中心とするプロジェクト

　広島大学の国際協力研究科やセンターでは，各国の教育開発の支援を行っているが，授業研究もその柱の一つとなっている。また，UNESCO-APEIDの会議を開催し，授業研究の普及に寄与している。広島のカンファレンスには，アジア地域から多くの授業研究に関わる研究者が集まり，日本の授業研究の成果もこれを通して普及している。

③ 東京学芸大学を中心とするプロジェクト

　東京学芸大学数学科教育学研究室では，文部科学省の特別経費の概算要求により，「国際算数数学授業研究プロジェクト」を，2011年4月から6年間の計画で推進している。このプロジェクトでは，国際的な授業研究のセミナーや海外への協力などを推進している。また，授業の観察と記録のためのiPad用のアプリの提供も行っている。このプロジェクトでは，日本の授業研究の方法を教員研修の『自己向上機能』と位置づけ，その機能を重視している。『自己向上機能』は，以下のように説明されている。

　　わが国の算数・数学の授業の特異性と優位性がTIMSSビデオスタディーによって世界から注目されています。そして，わが国の学校現場で用いられている授業研究という教員研修のひとつの方法が，日本の算数・数学の授業の優秀性を保証するために重要な役割を果たしていることが明らかとなりました。特に，米国の研究者は，教員集団が自ら授業改善を進めることができるという特徴をとらえ，「自立改善型」という用語でその特徴づけを行いました。言い換えると，ボトムアップで教員養成を行って

第Ⅰ部　Lesson Study のバックグラウンド

いるのが授業研究であり，その中核に研究授業があるということです。わが国の授業研究が本来持っているボトムアップ型の教員研修の機能が「自己向上機能」を意味します。

このように単に授業研究の方法を紹介するだけでなく，学校文化，教員文化に根差したボトムアップの営みとして日本の授業研究の特色が捉えられている。

2.6　JICA プロジェクトを受けた各国の独自の動き

インドネシアでは，先にも述べたが JICA を中心にした動きから，JICA と関わりながらも独自の展開が広がっている。WALS との連携では，2011年よりインドネシア教育大学のスマールが WALS のインドネシアから初のカウンシルメンバーに加わり，2014年にインドネシア教育大学で WALS の大会が開催された。また，インドネシアでは，佐藤学（2006）が提唱する学びの共同体が，他のアジア諸国と同様に授業研究と一体となって広がりを見せている（Saito, Murase et al. 2014）。佐藤学は，WALS 東京大会（2011年）をホストし，インドネシアからも多くの参加者が東京を訪れている。また，それ以後も，学びの共同体の国際会議を定期的に開催し，インドネシアからも発表者が毎回訪れている。また，学びの共同体の実践・指導を推進してきた中心人物である佐藤雅彰（元・富士市立岳陽中学校長）も，JICA 専門員としてインドネシア等の授業研究を指導しており，インドネシアでの学びの共同体の広がりに影響を与えている。さらに，インドネシア国内においても，授業研究のための研究団体が設立され，毎年カンファレンスが開催されている。参加者は主にインドネシア国内からであるが，講師を海外から招聘している。

インドネシアでは，このような独自の発展の中で，筆者のような JICA プロジェクトに関わっていない日本の研究者も関わるようになっている。筆者は，的場正美とともに2009年にインドネシアを訪問し，授業研究の講演・セミナーを行ったが，それは JICA による拠点大学・地域になっていない，スラバヤ国立大学が主催した授業研究のカンファレンスであった。スラバヤ国立大学には，

インドネシア教育大学からスマールが，マラン大学からイブロヒムも招聘され，この4名がレクチャーを行った。4名のレクチャーに引き続いて，分科会形式で，実践者が自身の授業改善の取り組みを口頭発表した。こうした研究会が各地で多数開かれている。このようにJICAプロジェクトで拠点となった地域や大学，およびその研究者が，インドネシア全体の授業研究の普及と向上に寄与している。

一方，モンゴルでも，JICAプロジェクトの進展の後，独自の動きがみられる。モンゴルでの授業研究を発展させるための研究組織が設立され，毎年のカンファレンスの開催と論文誌の発行をしている。また，筆者が所属する名古屋大学教育方法学研究室の授業分析の方法を取り入れ，ビデオに加え逐語記録を用いた詳細な授業分析の研究も始まっている。筆者も，2014年から2015年にかけて3度，モンゴル国立教育大学を訪問し，授業研究のセミナーを行った。また，JICAプロジェクトに関わった現地での中心人物にインタビューを行った。それを総括すると，モデル地区となった学校では児童中心の授業が浸透し，また授業研究による授業改善も進んできている。また，他の地域や私立学校にも授業研究が広がっている様子も確認できた。しかし，Ganbattar (2015) による授業分析では，それまでの教師中心の授業からの改善はみられているが，それは生徒の発話回数の増加にとどまっており，発話語数の点では依然として教師の発話が圧倒的に多いことを明らかにしている。児童中心の考え方によって，教師と生徒のやりとりは増えているが，生徒による発言は短いものにとどまっている。生徒の発言の質と量については，今後のモンゴルの授業改善・授業研究の課題を示しているのであるが，それと同時に，さらなる授業改善に向けての分析研究が進められていることは，次のステージに授業研究が進んでいることの証拠でもある。

2.7 授業研究のグローバル化とローカル化の課題

以上にみてきた通り，米国が日本の授業研究に注目をしたことに端を発し，世界各国が日本の授業研究に注目するようにり，WALSの発足により，国際

的な研究ネットワークの基盤が築かれ発展している。また，JICAや，大学などの国際協力の事業としても，日本の授業研究は世界に広がってきた。さらに，それらの国々では，独自に授業研究を普及・定着する動きも認められる。

このようにみると，世界のさまざまなLesson Studiesが互いに影響しながら，授業改善・教師の成長のために，グローバルのレベルで進んできたと捉えることができる。とは言うものの，課題も大きい。

日本において授業研究を研究したサルカール アラニ (2007) は，1999年に名古屋大学から博士学位を取得した後，イランに帰国し日本の授業研究のモデルの移転を行った。異文化への日本の授業研究の移転の先駆けであろうが，いくつもの問題に直面している。

(1) 教師の社会的・経済的地位がかなり異なる。日本の方法で教師の職業開発を行う時間がない。「早く家に帰りましょう」という教師もいる。
(2) 教師が学習よりも授業のみに重きを置く文化の中で，彼らは観察したり，他人の話に耳を傾けたり，深く考えたりするより，教師の授業の功績について批判的に話し合う方を好む。
(3) 学校管理者は，テストの点数に基づいた生徒の達成度に頭を悩ませ，即時の結果を望んでいる。授業研究に費やす教師と生徒の時間を気にする。
(4) 大学教員は，教師たちの知識不足を指摘し，教師は授業研究を行う知識を持っていないので，教授法や科目について深く学ぶべきと考えている。
(5) 教育委員会は，学校の状況，教師の心情，学校をとりまく社会問題に頭を悩ませ，授業研究が学校全体に及ぼすマイナスの影響（たとえば観察のために教室を離れる）や，教師の感情を心配している。
(6) グローバリゼーションやテクノロジーによって，教育の目標，政策，カリキュラム，内容，方法が急激に変化しており，教師の研修や学校改善のためになすべきことが多く，時間のかかる授業研究を行う時間はない。

また，サルカール アラニは，以下のようにグローバル化とローカル化の問題を指摘している（サルカール アラニ 2014）。
- アフリカ・アジアなどにおけるローカルな課題としての「授業研究の継続性」
- 日本の授業研究を海外移転する際の慎重な考察の必要性，
- 「授業研究」のローカル・イノベーションの必要性。

特に，3つ目に挙げた点について，グローバル・ソリューションとしての「授業研究」は，ローカルな問題の解決に有効であろうが，他国での方法をそのままに適用してもうまくいくとはかぎらない。それぞれの現場に合わせる形で（すなわちローカルに）作り変える必要がある。

授業研究に関わる理論やツールは移転しやすいが，ツールを理論に適合するようどのように使うのかというアプローチについては，それぞれの文化や現場に応じて変わらなければない。つまり，理論やツール・手法は国境を超えて持ち運びができるが，それが根付くかどうかは，文化的固有性の影響が大きく，それは移転ができない。

このようにみると，授業研究の移転可能性を問うことは，教育工学における根本的な問題と捉えることができる。すなわち，授業研究を，授業改善や教師の力量向上の技術として捉え，それを移転しようとしても，簡単にはいかない。文化と技術の結節点となる授業を考える上では，避けては通れない課題であり，その解決に果たす教育工学の役割も大きいと考えられる。

2.8 日本の授業研究の強みとは

日本の授業研究を翻ってみると，世界の他の国々が注目する理由となる強みがいくつかある。
- 授業を継続的に研究することが教師の日常的な取り組みとして定着していること。
- 授業を共同で観察・検討する段階では，児童・生徒の学びの過程を重視

することにより，授業者への直接的な批判が回避され，同僚性にもとづく教師相互の学び合いの機会になること。
- 授業研究の成果は，教師の授業の力量，教材研究，授業づくりに結びつくとともに，教師の児童・生徒の学習（やそれをとりまく背景）を捉える力の向上を通して，教育活動全般の改善につながっていること。

もちろん，強みだけでなく，高校・大学で広がっていないことや，時に研究協議が意味のない賞賛に終始したり，観察した事実にもとづかない一方的な代案の提示に終わったりすることもあるなど，問題も少なくない。しかし，世界に広がった日本の授業研究から学び直せることも多いであろう。たとえば高校・大学での授業研究の普及・定着には，他国での授業研究の移転の挑戦から学べることも大きいのではないだろうか。また，原点となる子どもの学びに立ち返って授業を計画・実施・検討することには，国境を超えた教師たちの協同的，持続的な学びをもたらす可能性があるといえよう。

参考文献
秋田喜代美（編著）『授業の研究 教師の学習「レッスン・スタディ」へのいざない』明石書店．
Chokshi, S., and Fernandez, C. (2004) "Challeges to importing Japanese lesson study: Concerns, misconceptions, and nuances," *Phi Delta Kappan*, 85 (7): 520-525.
Fernandez, C., Cannon, J., and Chokshi, S. (2003) "A U.S.-Japan lesson study collaboration reveals critical leuses for examining practice," *Teaching and Teacher Education*, 19 (2): 171-185.
Ganbaatar（2015）記録に基づいた授業分析（Тэмдэглэлд суурилсан хичээлийн анализ），"МАТЕМАТИК, БАЙГАЛИЙН УХААНЫ ДИДАКТИКИЙН ТУЛГАМДСАН АСУУДАЛ" ЭРДЭМ ШИНЖИЛГЭЭНИЙ ХУРАЛ, 2015-02-12.
磯田正美（2010）アジア・太平洋経済協力（APEC）人材養成部門（HRDWG）プロジェクト「授業研究による算数・数学教育の革新」のこれまで，現在，未来"，平成21年度文部科学省委託研究「APEC等国際的なネットワークにおける教育協力に関する調査研究事業」（代表者渡辺良）成果報告書所収．
http://www.criced.tsukuba.ac.jp/math/apec/report/apec_rep.pdf
国際協力機構（2009）前期中等教育の質の向上プロジェクト
http://www.jica.go.jp/project/indonesia/0800042/01/index.html
Lewis, C., Perry, R., & Murata, A. (2006). "How should research contribute to instructional

improvement ? The case of lesson study," *Educational Researcher*, 35 (3), 3-14.
Lo Mun-Ling (2009) "The Development of the Learning Study Approach in Classroom Research in Hong Kong," *Educational Research Journal*, 24 (1): 165-184.
Lo M.-L., and Marton, F. "Towards a science of the art of teaching : Using variation theory as a guiding principle of pedagogical design," *International Journal of Lesson and Learning Studies*, 1 (1): 7-22.
的場正美（2005）「世界における授業研究の動向」『教育方法34　現代の教育課程改革と授業論の探究』図書文化.
的場正美（2013）「世界の授業研究――世界授業研究学会東京大会を中心にして」『教育方法42　教師の専門的力量と教育実践の課題』図書文化.
Saito Eisuke, Murase Masatsugu, Tsukui Atsushi, Yeo John (2014) *Lesson Study for Learning Community : A Guide to Sustainable School Reform*, Routledge.
サルカール　アラニ・モハメッド　レザ（2007）『国境を越えた日本の学校文化』国際日本文化研究センター.
サルカール　アラニ・モハメッド　レザ（2014）「授業研究のローカル化とグローバル化」教育方法学会編『教育方法43　授業研究と校内研修』図書文化.
Sarkar Arani, M. R., Shibata, Y., Lee, C. K.-E., Kuno, H. Matoba, M., Lean, F. L., Yeo, J. (2014) "Reorienting the cultural script of teaching : Cross cultural analysis of a science lesson," *International Journal for Lesson and Learning Studies*, vol. 3, issue 3: 215-235.
佐藤学（2006）『学校の挑戦――学びの共同体を創る』小学館.
Stigler, J. and Hiebert, J. (1999) *The Teaching Gap : Best Ideas from the World's Teachers for Improving Education in the Classroom*, NY : The Free Press.
Stigler, J. W., Lee, S.-Y., and Steavenson, H. W. (1987) "Mathematics Classrooms in Japan, Taiwan, and the United States," *Child Development*, 58 (5): 1272-1285.
田中義隆（2011）『インドネシアの教育「レッスン・スタディ」は授業の質的向上を可能にしたのか』明石書店.
Tatang, S., and Kuno, H. (2013) Lesson Study Development in Asian Countries : ―Focusing on "School Improvement Program" in an Indonesian Primary School―，生活科・総合的学習研究，愛知教育大学生活科教育講座，11, 1-10.
東京学芸大学（2011）国際算数数学授業研究プロジェクト
　　http://impuls.sakura.ne.jp/about/about_outline.html

第Ⅱ部
欧州における Lesson Study

第3章

英国における Lesson Study

野中陽一

3.1 英国の教育動向

英国（England）の教育制度は，目まぐるしく変化している。2010年の政権交代後，保守党による教育政策は，伝統的であるとの批判もあるが，2015年の総選挙後もこの路線は継続されている。

1988年の教育改革法によりナショナル・カリキュラムが導入された後，1994年，1999年に改訂が行われ（中等教育については2007年にも改訂），2014年の改訂では，3年生以上で外国語の必修化や新教科コンピューティングの導入など新たな取り組みも進んでいる。

ここ数年の間の変化としては，2013年には，教員の養成・研修等を担う教員養成庁（TA）と，学校の管理職養成を行う全国校長研修機関（NCSL）が合併し，全国教職員養成研修機関（NCTL）となり，学校監査を行う国の機関である教育水準局（OFSTED）は，2015年から新たな監査の枠組みを導入し，評価の一貫性，監査の焦点化，学校負担の軽減を図っている。

その他，補助金を地方当局ではなく国（教育省）から受け取るとともに，管理運営上の裁量が他よりも認められているアカデミー（初等・中等学校）の普及や，フリースクールの増加，中等教育修了一般資格であるGCSEの改革，学校中心の教員養成課程であるスクールダイレクト（School Direct）や教員養成を含む地域の教員研修，教育水準向上の核となるティーチングスクール（Teaching Schools）の設置などが進められている（文部科学省 2014, 2015）。

3.2　Lesson Study の普及の背景

英国における Lesson Study を調べていくと，ダドリー（Pete Dudley）という人物にたどりつく。氏は Lesson Study UK（http://lessonstudy.co.uk）という Web サイトを立ち上げ，Lesson Study : a handbook を公開している。

ダドリー（Dudley, 2012）によると，英国においても『ティーチング・ギャップ（*The Teaching Gap*）』（Stigler & Hiebert, 1999）が，Lesson Study の普及に影響を及ぼしたことが述べられている。

Lesson Study の取り組みは，過去の評価と学習に関する研究をレビューし，学習を改善し，学力向上に寄与する評価の在り方を明らかにしたブラック（Black, P.）とウィリアム（Wiliam, D.）の評価と学習に関する研究 *Inside the Black Box : Raising Standards Through Classroom Assessment*（1998）に端を発している。

Assessment Reform Group は，その成果を *Assessment for Learning : Beyond the Black Box*（1999）にまとめ，具体的に授業実践へ適用することを提言した。評価を通して，学習を改善するための重要な要素は，以下の5つであった。

- 生徒への効果的フィードバック
- 生徒自身の学びへの積極的な関与
- 評価結果を考慮した指導の調整
- 評価が生徒の動機づけや自尊心に大きな影響を与え，それらが学習に重要な影響を与えることの認識
- 生徒が自己評価し，改善の方法を理解できるようにすることの必要性

ダドリーは2001年に，これらを実践レベルで具体化するプロジェクトにおいて，Lesson Study を位置付け，Lesson Study がどのように Assessment for Learning を支援するかを明らかにするため，2003〜2005年に TLRP（Britain's Teaching and Learning Research Programme）の Lesson Study pilot に参画した。

第Ⅱ部 欧州における Lesson Study

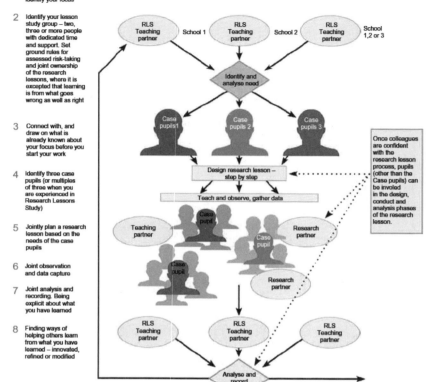

図3-1 Lesson Study の手順
出典：Dudley (2003).

　当時の Lesson Study の手順は図3-1のように示されていた。

　当時の Lesson Study は，Research Lesson Study（RLS）と書かれており，研究的側面が強い位置付けであったようである。この RLS の1から8のステップは，おおよそ以下の通りである。

1. データを分析し，課題を明らかにする。
2. Lesson Study のための研究グループをつくる。時間を割き，協力できる2人，3人あるいはそれ以上で構成する。授業が常にうまくいくとは限らず，うまくいかない場合もあることを想定し，研究授業（research lessons）のリスクと責任を共有するための基本的なルールを決める。
3. 作業を始める前に，課題について，すでに明らかになっていることと関連づけ，利用する。
4. 3人（または，あなたが Lesson Study の経験者であれば3の倍数）の抽出児（case pupil）を特定する。
5. 抽出児（case pupil）のニーズに基づき，協力して研究授業の計画を立てる。
6. 共同観察し，データを得る。
7. 共同で分析し，記録する。あなたが学んだことを明確にする。
8. あなたが学んだこと（新しく取り入れ，洗練し，改良したこと）を他者が学ぶために支援する方法を見つけ出す。

このように初期の英国における Lesson Study は，学校全体で取り組むものではなく，異なる学校の数人の教員が，研究グループとして取り組むものと考えられていた。授業改善のための取り組みではあるが，あらかじめ課題を抽出し，その課題に対応するための授業計画を共同で立案し，その成果を3人の抽出児の観察によって行うという，実験的なアプローチによるものであったと考えられる。

3.3 Lesson Study の普及

校長の養成を担当する当時の全英スクールリーダシップ開発機構（NCSL, National College for School Leadership, 現 NCTL, National College for Teaching and Leadership）は2005年に Network leadership in action：Getting started with Networked Research Lesson Study という冊子を公表している。当然ながら主

担当はダドリーであり，Lesson Study の手順等についても，ダドリー（2003）と同じである。

Research Lesson Study の前に Networked という言葉が入っているが，基本的な考え方は同じである。それまでの成果を踏まえて全英スクールリーダシップ開発機構から発信されたことが注目される。

なお，この中では Lesson Study に取り組むにあたって，新たに挑戦する姿勢をもつことが強調されている。英国の学校文化からすれば，これまでとは異質なアプローチが導入されたことになるのだろう。

- 一人ではとらなかったかもしれないリスクを一緒にとること。
- これまで見ることができなかったものを見る。
- 複数の見方を通して深く洞察する。
- 効果的であることとそうでないことを特定して，価値づける。
- 得られた知見を考慮して新たな実践を開発する。
- 新たな実践を同僚と共有する。

これらに加え，重要な授業場面，授業の流れ等のビデオ記録の必要性や，他の先生に新たな実践を普及させるために効果的なビデオ・プレゼンテーション，デモンストレーション・レッスン，教材等を作成することに触れられている。

ダドリーは，その後，National Strategies Primary のディレクターとなり，2008年に *Improving practice and progression through Lesson Study Handbook for headteachers, leading teachers and subject leaders* を公表している。

この内容を説明する前に，ナショナル・ストラテジーの位置づけについて，触れておきたい。英国における教育は，1988年のナショナル・カリキュラム導入後，急激な変化を遂げた。それまでのトピック学習中心の教育から，学力向上を目指したリテラシー教育への転換である。

ナショナル・カリキュラムでは，キーステージごとに目標と内容が示されている。さらに，各教科の到達目標が，レベル1から8まで示されおり，キーステージ1ではレベル1-3の内容について学習し，レベル2への到達が目標とされ，キーステージ2ではレベル2-5の内容について学習し，レベル4が到

達目標となる。キーステージ3ではレベル3-7の内容について学習し、レベル5，6が到達目標となり、各キーステージ修了時に行われるナショナル・テストによって、到達目標に達しているかどうかが評価される。義務教育修了時には、GCSE（General Certificate of Secondary Education）と呼ばれる中等教育修了資格を得るための試験が行われ、さらに細かい到達基準に基づいた評価がなされている。

1998年には、基礎学力のさらなる向上が目指され、ナショナル・リテラシー・ストラテジー、ナショナル・ニューメラシー・ストラテジーが導入された。リテラシー、ニューメラシーの授業を毎日1時間程度行うことが義務づけられ（リテラシー・アワー）、授業展開や教材を含む詳細な指導計画がQCA（Qualifications and Curriculum Authority）によって例示された。学校現場ではこの影響を強く受け、この指導計画を基本として授業が計画されていた。2000年に筆者が実際に学校現場を訪れ、授業を参観した後、当該学年の指導計画を調べると、授業で使われていた教材が掲載されていることは少なくなかった。

その後、それ以外の教科においても、スキーム・オブ・ワーク（Schema of Work）という目標達成のための具体的な指導計画案が示されている。当時は、基礎学力の向上、到達目標の達成に力点が置かれていたのである。

こうした流れがある一方で、高度な知的能力の育成という学力向上の取り組みも進められてきた。1999年には、1997年の教育白書（*Excellence in Schools*）に基づき、NACCCE（National Advisory Committee on Creative and Cultural Education）による報告書（*All Our Futures : Creativity, Culture and Education*）が作成された。この報告書では、21世紀に向けてより良い社会をつくるためには、子どもたちのCreativity育成とCultural Educationが重要であることが強調されている。

その後2004年には、QCAが"Creativity : find it, promote it"という冊子を作成し、Webサイトを立ち上げた。

さらに、同じ年にDfES（Department of Education and Skills、教育・訓練省）から新たなナショナル・ストラテジーとして公表されたExcellence and enjoyment : A strategy for primary schoolsの中でも、Creativityの重要性が指摘されている。このように、英国におけるナショナル・ストラテジーは、ナ

ショナル・カリキュラムと共に，学校教育に強く影響を及ぼしてきた。2008年のナショナル・ストラテジーにおいて Lesson Study が取り上げられたことは，研究段階から普及段階に移行したことを示していると考えられる。

　ダドリーは，このハンドブックの冒頭で，*How the world's best-performing schools come out on top*（Mackinsey 2007）を取り上げ，最も成功したシステムが共有するいくつかの重要な特徴を紹介している。

- 継続的な職能開発の特徴は，すべてのシステムを以下のようにマネジメントすることである。
- 指導と学習に焦点を当てる人が校長になることを奨励する。
- 指導と学習の改善を優先して労力と時間を割くことを校長が保証する。
- 教師が相互に学ぶことができるようにする。実際の教室，子どもへの指導に責任をもち，効果を実証できる実践を発展させ，さらに改善する方法を開発する。
- これらの事例の一つが，Lesson Study である。

　このハンドブックは2003年からイングランドで行われた国家プロジェクト（TLRP）の成果に基づいており，ハンドブックは，以下の4つの内容について解説し，手順やワークシートを含んでいる。

1. Lesson Study の学校への導入
2. Lesson Study の計画，指導と分析
3. 生徒をプロセスに関与させる
4. 参加者が何を学んだか，授業実践がどのように改善されたか，それらを他者にそのように伝えるかを抽出して提案すること

〔ワークシートの構成〕
○校内で Lesson Study を始めよう
○最初の Lesson Study を計画し，抽出児を特定しよう
○最初の Lesson Study における授業
○研究授業の計画，観察，討議シート

○授業後の抽出児へのインタビュー
○授業後の討議記録
○成果の共有
○Lesson Study のための時間の確保と学校システムへの組み込み
○指導的な立場にある教員（leading teacher）を使って，Lesson Study による専門的な学びを支援，開発し，校内でのコーチングのプラットフォームとして Lesson Study のモデルを使う

そして，効果的な現職教育（CPD, Continuing Professional Development）のすべての特徴を含む Lesson Study は協働的な教室での専門的な学びのモデルであり，以下のような活動によって，価値のある成果がもたらされるとしている。
○二人以上の先生が協働し，ニーズと生徒の学びに焦点を当て，生徒の学習の達成に影響を及ぼしている指導と学習の問題を解決する授業を開発する。
○教師は，特定された生徒の学習の特定の面を改善するようにデザインされた指導技術を開発することに取り組む。
○教師は，学びの記録を残し，たとえば，コーチングや教員研修会での指導，師範授業の提供等得られた実践知を他者に伝える。

このナショナル・ストラテジーにおいて強調されているのは，校内で Lesson Study を行うことである。研究レベルの Lesson Study は，学校を超えたグループでの取り組みがベースとなっていたが，普及段階になると校内での取り組みが提案されるようになったのである。
そこで，学校の管理職が何をすべきか，ということについても以下のように書かれている。
○Lesson Study のための時間をつくって，それを学校のシステムに組み入れなさい。
○指導的な立場にある教員（leading teacher）を使って，Lesson Study による専門的な学びを支援，開発し，校内でのコーチングのプラットフォー

ムとして Lesson Study のモデルを使う。

2009年には，The National Strategies Secondary として，*Improving subject pedagogy through Lesson Study, Handbook for leading teachers in mathematics and English* が公開されている。このハンドブックは，指導的な立場にある教員（leading teacher）向けのものであり，Primary 向けのものと比べるとシンプルな構成になっており，ワークシートも「研究授業の計画，観察，討議シート」「授業後の討議記録」の2枚しか掲載されていない。

なお，2010年の政権交代後には，これまでの取り組みを総括した *The National Strategies 1997-2011, A brief summary of the impact and effectiveness of the National Strategies* を公表し，ナショナル・ストラテジーは役割を終えている。

保守党政権では，ナショナル・ストラテジーのような指導計画レベルのものは国からは提示されず，各学校が具体的な指導計画を策定することになったのである。

3.4 英国の Lesson Study の概要

現在，英国の Lesson Study のベースとなっているのは，ダドリーによって運営されている Lesson Study UK (http://lessonstudy.co.uk) で公開されている Lesson Study: a handbook と考えられる。

これまでにナショナル・ストラテジー等で示されてきた内容とほぼ同じであるが，Lesson Study のプロセスがより明確に示されている（図3-2）。

特徴的なことは，以下の2点である。

まず，生徒へのインタビューという活動が授業研究のサイクルに組み込まれていることである。抽出児の観察に加え，生徒の側からの授業へのフィードバックをより重視したプロセスとなっている。

もう1点は，協働による授業の計画，観察，生徒へのインタビュー，授業後の検討という Lesson Study のフローを3回繰り返して実施することである。

第3章　英国における Lesson Study

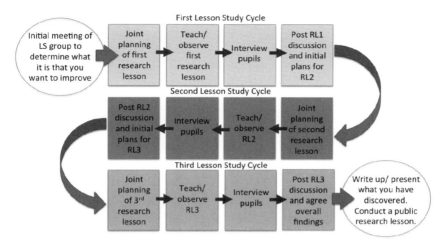

図3-2　Lesson Study のプロセス (Lesson Study : a handbook)

単発での実験的な取り組みから，継続的な授業改善のためのモデルとして提案されるようになったのであろう。

そして，Lesson Study のフローは，以下の Lesson Study (LS) Group Protocol に従って実施することが望ましいとされている。

① すべての LS メンバーは年齢，経験，専門などにかかわらず，学び手として平等である。

② すべての貢献は無条件に肯定的に扱われる。ただし，分析されたり，疑われたり，意義を唱えられたりしないということではない。思い切って言ったことについて，だれもが愚かであると感じることはないということを意味する。愚かであると感じたり，非難を受けやすい提案は，多くの場合，価値があり，最も多くの学びを生み出すものである。

③ 私たちは研究授業を行う教員を支持する。誠実に観察し，生徒の発言や行動をできる限り記録する。

④ 私たちは Lesson Study の共通のツールを使う。計画書，生徒へのインタビューの項目，相互に成果を共有する方法など。

⑤ 観察に加え，生徒の作品，インタビューのコメントを授業後のディス

第Ⅱ部 欧州における Lesson Study

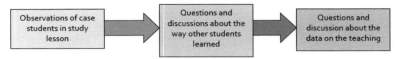

図3-3 授業後のディスカッションフロー

出典：Dudley (2015).

カッションで伝えるために利用する。
⑥ 授業後のディスカッションフロー（図3-3）を用い，抽出児の事前の予測と比較して，実際どうであったかという点について議論をスタートさせる。
⑦ 話しているとき，議論しているとき，提案しているとき，仮説を立てているとき，練り上げる，批評するときなどいつでも，授業の目的，抽出児，観察結果，その他の研究授業のデータに基づいて行い，相互に耳を傾ける。
⑧ 私たちは学んだこと，新たな実践知をできる限り正確に明確にして同僚と分かち合う。そして，その恩恵を得て，彼ら自身が取り組めるようにする。
⑨ 私たちは Lesson Study の目標と成果を，生徒たちの年齢と発達段階に応じられるように，適切に分かち合う。

なお，英国の Lesson Study においては，生徒の学習に焦点をあてていることが常に強調されており，図3-4のように，カリキュラムや指導方法についても，生徒の学びの改善やニーズと同様に，教師の指導方法に着目するのではなく，生徒の学びから授業を検討するという点が徹底していることがわかる。

3.5 Lesson Study の事例

本節では，2014年に筆者が Exeter の Bowhill Primary School を訪問した際に，参観した Lesson Study の事例を紹介する。
英国では，現職教育は CPD と呼ばれており，多様な形態で行われている。

第 3 章　英国における Lesson Study

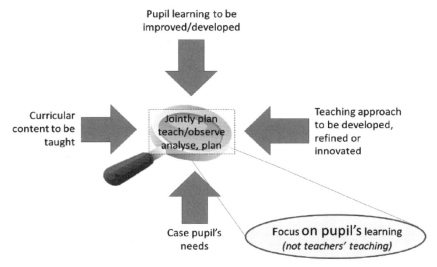

図 3-4　研究授業における視点

出典：Dudley（2015）．

　Bowhill Primary School のケースでは，校内研修は，年間 5 日程度の Professional Development Day の他，毎週のスタッフミーティングの中で短時間，校長や教員が相互に講師になって行われている。
　この他，近隣のいくつかの学校やチルドレンズ・センター（Childrens Centre）が Local Learning Community（LLC）という公的な組織が現職教育を企画，実施している。Bowhill Primary School が所属する Exeter Learning Community West Exe というグループは，7 つの小学校，2 つの中等学校とチルドレンズ・センターによって構成されており，各校の代表が年 6 回程度定期的に集まって，地域，学校間連携について協議し，管理職研修や教職員研修を企画している。各学校の予算から 1 割程度を拠出して運営しており，2013年の年間予算は10万ポンド程度とのことであった。具体的には，全英スクールリーダーシップ開発機構（NCSL，現 NCTL）が主催する全国大会（the NCSL National Conference）に参加する，講師を呼んでの講演や他地域への視察を行う，などの取り組みが行われていた。教育委員会や企業等，他の機関で研修を受けるだ

47

けでなく，この LLC で自主的に教員研修を企画しているのである。

　Exeter Learning Community West Exe は，2013年から Lesson Study を取り入れた教員研修を実施し，初年度は，近隣の学校がペアになって，校長や一部の教員が相互に学校を訪問し，学校参観，授業参観を行うことからスタートしている。Bowhill Primary School は，徒歩10分程度のところに位置する Montgomery Primary School とペアを組み，相互参観を実施したとのことであった。

　翌年には，学年間で Lesson Study を行うことが企画され，2014年2月26日に行われた，Nursery（幼稚園）と Reception（就学時前のクラス）合同の授業参観とその後の授業研究に参加する機会を得たので，その概要について報告する。

　朝，Bowhill Primary School の教員2名と，Montgomery Primary School に向かった。学校に着くと，副校長と CPD 担当の教員，学校理事会のメンバーである保護者（school governor）等と挨拶し，この Lesson Study の企画，運営を行っている外部コンサルタント（元 OFSTED の査察官）から，スケジュール等の説明を受けた。また，参観の観点として，教師の指導ではなく，子どもの学びにフォーカスすることの説明があった。

　その後，9時35分〜10時15分に授業参観（learning observation）が行われた。幼稚園（Nursery）と就学時前のクラス（Reception）合同の授業は，教科別ではなくいくつかの領域について遊びを通して学ぶ形態であり，本時は，10までの数の概念について，学ぶ時間であった。電子黒板の前での一斉指導は短時間で，すぐに86人の子どもたちが，個別，あるいはグループに分かれて活動し始めた。8人の教師（教室に掲示されていたこの授業の分担表によると8人の教師およびティーチング・アシスタントによるティーム・ティーチングであった）は，教室，あるいは外で活動している子どもたちに声をかけながら，iPad で子どもたちの活動の様子を記録していた。一部では，少人数のグループに対して，教師が指導している場面も見られた。通常の授業でも，算数が弱い子，得意な子などそれぞれ関心や弱点にあわせて少人数のグループを作って対応しているとのことで，算数が弱い子だけをフォローアップするのではなく，算数が得意

な子たちのグループにも少人数で指導する場合があるとのことであった。保護者を含む参観者は，授業中，あるいは授業後に子どもたちに話を聞いたり，ポートフォリオを見たりしながら，メモをとっていた（ただし，参観者のビデオや写真の撮影は禁止だった）。Lesson Study UK では，事前に授業計画の立案を協働で行うことや観察後に子どもたちにインタビューを行うことなどが示されているが，今回のケースでは，これらは確認できなかった。

授業後は，10時30分〜11時に２つの部屋に分かれて，リフレクションが行われた。外部コンサルタントのファシリテーションにより，自由な意見交換が進められた。

冒頭，授業者の一人から，「今日は，授業公開日（The open learning day）[1]で，先生があっちこっちの学校に行っています。本来居るべき先生が不在だったので，今日見た授業は，普通の授業というわけではないのです。」という発言があった。つまり，授業公開と Lesson Study が同時に行われていたと考えられる。

ディスカッションは，外部コンサルタントからの問いによって進められた。それらの問いのいくつかは以下のようなものであった。

「どの学習活動に子どもたちは熱心に取り組んでいたか」
「クラスの子ども一人ひとりの向上をどのように把握するのか」
「あなたたち（教師の２人）は，子どもたちがあちこちで多様な活動を行っている状況の中で，どうやって子どもたちの向上をチェックしているのか」
「評価に利用している教材は」
「子どもたちの向上について，保護者に話を聞く機会はあるのか」
「楽しく観察できるのはどのような子どもの活動か」

ディスカッションを通して，すばらしい環境の中で，86人は一緒に学んでいるが，一人ひとりの学びは自律的であり，クリエイティブであること。教師は，子どもたちに話しかけたり，ICT を活用して記録しながら，一人ひとりの向上を把握し，時には，保護者と一緒に観察したり，話を聞いたりしていること

などが確認されていった。また，学校は，Web上のlearning-blog[2]で，子どもたちの学習状況について，保護者に随時発信しており，学習状況について保護者と情報共有を行っていることなども紹介された。いくつかの点に関して，外部コンサルタントから他校の取り組みの事例が紹介され，保護者と子どもが一緒に学ぶこと，教師やティーチング・アシスタントが保護者と子どもについて話をする機会をもつことの重要性が説明された。

午後には，Montgomery Primary Schoolの教員がBowhill Primary Schoolへ出向き，同様に授業参観およびリフレクションが行われた。

2年目の取り組みということもあり，日本における授業研究とはかなり様相が異なっていた。特に，校内で学年を超えて相互に授業を参観するのではなく，対象とする子どもの学年を揃えるために，学校間でLesson Studyを行っていることは大きな違いである。授業参観の観点が，教師の指導ではなく，子どもの学びにフォーカスされていることが，影響しているのであろう。

2015年3月に再度，Bowhill Primary Schoolを訪問したときの校長へのインタビューによると，3年目はLesson Studyの実施方法を大幅に変更したとのことであった。ナショナル・テストの算数（Numeracy）の結果に課題があることから，Edge hill大学の算数教育プログラム（Every Child Counts）[3]を取り入れ，この教育法に合わせたEvery Child Counts Lesson Study[4]に取り組み始めたとのことであった。ここでのLesson Studyは，地域内の'Numbers Count'と呼ばれる算数の学力を向上させる力量をもつ熟練教師の授業参観を通して，指導の効果を3人の抽出児童の観察によって行うことが特徴である。そして，そこでの学びを学校に持ち帰って広めていくという計画であった。このプログラムには，熟練教師の育成という要素も含まれており，小学校においても，教科指導のスペシャリストの養成が求められているとのことであった。

3.6 英国におけるLesson Studyの位置付け

英国におけるLesson Studyは，さまざまな形で普及しつつあるが，そのベースには，学習者の観察による授業改善という考え方が根強くある。

このことは，教員養成段階から，徹底されている。実習生は，2種類のファイルに実習の記録を蓄積していく。一つは，計画と評価に関する記録であり，学校の教育実習担当教員による指導および授業観察の評価記録，実施したすべての授業の指導案などである。もう一つは，抽出児童の観察記録と学級全員の行動観察や形成的評価の記録である。後者の記録に関して，学級担任は，詳細に記述していることが多いが，実習生にとっては授業の計画，準備に追われながら，この記録を充実させることが大きな課題となっていた。

　教育実習生の評価は，学校の教育実習担当教員（school mentor）が中心となって行い，学級担任は授業等のアドバイスを中心にサポートする。学年ごとに公式な授業観察による評価の回数は決まっており，メンターが3回，大学教員（placement tutor）が1回（以前は2回）である。最終の評価は，教育実習担当教員と大学教員が一緒に観察し，評価結果について検討することによって，客観性，信頼性を高めている。最終的には各項目について具体的な評価基準に基づき，4段階評定が行われる。授業観察時には，学校の教育実習担当者，あるいは大学の指導教官がフィードバックレポートを作成し，授業後に実習生と面談し，授業の評価について説明する。二種類の実習記録ファイルによるポートフォリオをもとに最終的に基準の各項目について達成できるように指導が計画的に行われ，目標達成を示す具体的なエビデンス（証拠）を積み上げていく。これらの最終的な評価は，大学教員によって行われ，QTS という教員資格が認定される。授業におけるパフォーマンスを複数の目で評価するのである。

　教育実習は学校に一人が原則であり，実習生同士が相互に授業を参観したり，実習生の授業を校内の教員が参観し，授業研究を行うということは行われていない。野中ら（2013）によると，近年ブライトン大学の小学校での実習には，Paired Primary Placements が取り入れられている。従来，各教室には実習生は一人しか配置されていなかったが，実習生が協働することによって以下のような効果があるとして，ブライトン大学モデルの教育実習と名付けられている。

- より大胆に小グループでの活動を行うことができる（2人が協力することによってマネジメントすることがより簡単になる）
- 教育実習生の「苦境」に効果があった興味深い活動

- 異なる指導・学習方略をモデル化して学ぶことができる
- ロールプレイによって模擬授業ができる
- より効果的なICT活用を試す
- より効果的な授業のまとめを行う
- 学習の評価を多様に行うこと

　こうした教育の実習の改善の取り組みも，Lesson Study の普及と関係しているように思われる。
　現職教育（CPD）に関しても，多様な形態で行われているものの，基本は年間5日程度の教員研修日（Professional Development day）であり，その他の研修の多くは教育委員会や外部団体，大学等が提供するものに個人単位で参加することが多かった。最近になって，毎週のスタッフミーティングの中で短時間，校長や教員が相互に講師になって，それぞれの得意分野に関する講義やワークショップを行うケースが増えてきている。
　この背景には，教員資格（QTS）や校長資格である NPQH（National Professional Qualification for Headship）や，アシスタントティーチャーの資格である Qualifications for school support staff，Higher level teaching assistants の基準である HLTA（The professional standards for higher level teaching assistants）等，教員の資格がすべて基準に基づく評価によって行われていることも関連するだろう。
　もちろん，学校単位の教師集団としての力量向上についても，校長のリーダーシップによって取り組まれてはいる。しかしながら，伝統的な個々の教師への指導が個別に行われていることも事実である。
　このような状況下で，地域内のいくつかの学校が LLC（Local Learning Community）という公的な組織をし，校長研修や教職員研修を共同で企画し，Lesson Study に取り組み始めていることの背景には，教育委員会の影響力の低下がある。年々，教育委員会組織は縮小され，研修を提供することが難しくなっているようである。また，授業の相互参観や授業後の討論を校内ではなく，学校を超えて行うことは，英国の多くの学校では，担任が学年固定であるため，

対象となる児童生徒が同じ学年であることを優先しているからだと考えられる。

なお，最近では，大学と学校の連携が強化されると同時に，学校現場で在職しながら教員資格を取得するといったコースの増加や，学校が大学等と連携することなく教員養成を行うことができる Teaching schools の設置など，より実践重視の教員養成が行われ始めている。

英国においては，従来から学校が主体となり大学等と連携して教員養成を行う SCITT（School-centered initial teacher training）という制度がある。大学を卒業後，1年の教職課程で QTS を取得する PGCE（A postgraduate certificate in education）では，年間24週の教育実習が義務づけられているため，学校をベースとした教員養成（School-led Training）は自然な流れである。School Direct では大学卒業後，3年以上の勤務経験がある場合には雇用の保証に加えて実習中の給与も保証する School Direct（salaried）コースが用意されているケースもある。そして，教員資格（QTS）を取得した場合，その学校，地域で雇用が保証される。これらは，EBITT（Employment Based Initial Teacher Training）と呼ばれている。

Teaching Schools は，高等教育機関と連携しなくても，優れた実績をあげている学校を中心とした学校間連携により，教員養成を行うことができる新たな制度であり，教員養成から現職教育までを自律的，持続的に行うシステムである。英国政府は，2016年3月までに600校の Teaching Schools の認定を目指している。

Teaching Schools の認定には，教員養成を担当する機関の基準である ITT Criteria を満たすことに加え，OFSTED で Outstanding の評価を受けていること，3年以上の経験をもつ優れた校長がいること，学校改善や連携の実績等により高い教育効果をあげていることが必要となる。

そして，果たすべき使命として以下の6つが求められている。

　　○教員養成（School-led initial teacher training）
　　○現職教育（Continuing professional development）
　　○近隣の学校への支援（Supporting other schools）
　　○リーダーシップの力量形成（Identifying and developing leadership potential）

第Ⅱ部　欧州における Lesson Study

　　○スペシャリストの育成（Specialist leaders of education）
　　○研究開発（Research and development）

　こうした動きは，Lesson Study を，学校現場での自律的な授業改善を継続に行うシステムとして機能させ，校内および学校間の連携による教員養成から現職教育まで一貫した取り組みを促していると考えられる。ブライトン大学の教育実習改革等に見られるように，教育養成段階において Lesson Study を取り入れる動きや，Edge hill 大学の例に見られるように特定の教科，教育方法における Lesson Study の取り組み等，英国の教育文化，学校事情と新たな教育制度の中で，英国流の Lesson Study が学校に根付き始めていると考えられる。

注
(1)　learning-blog
　　　http://www.montgomery.devon.sch.uk/category/learning-blog/
(2)　The open learning days
　　　http://www.montgomery.devon.sch.uk/school-information/general-information/
(3)　Every Child Counts Edge Hill University
　　　https://everychildcounts.edgehill.ac.uk
(4)　Every Child Counts Lesson Study
　　　http: //lessonstudy. co. uk/2012/11/why-every-child-counts-is-using-lesson-study-louise-matthews-head-of-every-child-counts-explains/

参考文献
Assessment Reform Group (1999) *Assessment for Learning : Beyond the Black Box*, Cambridge : University School of Education.
Black, P. and Wiliam, D. (1998) *Inside the Black Box : Raising Standards through Classroom Assessment*, London : Kings College London.
Department for Education (2011) The National Strategies 1997-2011, A brief summary of the impact and effectiveness of the National Strategies,
　　https://www.gov.uk/government/uploads/system/uploads/attachment_data/file/175408/DFE-00032-2011.pdf
Dudley, P. (2003) The Lesson Study Process, Poster presentation at the Annual Conference of the Teaching and Learning Research Programme. Edinburgh, November 2003 later reproduced in Getting Started with Lesson Study National College for School Leadership,

2005.
Dudley, P. (2012) "Lesson Study development in England : from school networks to national policy," *International Journal for Lesson and Learning Studies*, 1 (1) : 85-100.
Dudley, P. (2015) Lesson Study : a handbook.
　　http://lessonstudy.co.uk/wp-content/uploads/2012/03/new-handbook-revisedMay14.pdf
DCSF (2008) The National Strategies Primary, Improving practice and progression through Lesson Study Handbook for headteachers, leading teachers and subject leaders.
　　http://lessonstudy.co.uk/wp-content/uploads/2011/05/Improving-Practice-and-Progression-through-Lesson-Study1.pdf
DCSF (2009) The National Strategies Secondary, Improving subject pedagogy through Lesson Study, Handbook for leading teachers in mathematics and English.
　　http://webarchive.nationalarchives.gov.uk/20130401151715/
　　https://www.education.gov.uk/publications/eOrderingDownload/Improving%20subject%20pedagogy%20through%20Lesson%20Study.pdf
Mackinsey (2007) How the world's best-performing schools come out on top.
　　http://mckinseyonsociety.com/downloads/reports/Education/Worlds_School_Systems_Final.pdf
文部科学省（2014）諸外国の教育動向2013年度版，明石書店．
文部科学省（2015）諸外国の教育動向2014年度版，明石書店．
NCSL (2005) Network leadership in action : Getting started with Networked Research Lesson Study.
　　http://lessonstudy.co.uk/wp-content/uploads/2011/07/nlg-networked-research-lesson-study-in-practice3.pdf
野中陽一・木原俊行・小柳和喜雄・田中博之（2013）英国の教員養成に関する動向調査，JSET13-5：77-82
Stigler, J. W. and Hiebart, J. (1999) *The Teaching Gap : Best Ideas from the World's Teachers for Improving Education in the Classroom*, New York : The Free Press.（スティグラー・ヒーバート（著），湊三郎（訳）（2002）『日本の算数・数学教育に学べ 米国が注目する jugyou kenkyuu』教育出版．）

第4章

北欧における Lesson Study

小柳和喜雄

4.1 北欧の教育事情

　北欧は，社会保障，社会福祉に力を入れ，教育に関しても生涯学習，職業教育，特別支援教育に力を入れ，大学卒業まで無償が基本といわれている。しかしながら，同じ北欧の国々でもうまくその仕組みが機能しているところと，必ずしもうまくいっているとはいえない国が存在する[(1)]。

　OECD の PISA の結果（2012）[(2)]を見ると，フィンランドは，OECD 平均より有意に高く，デンマーク（数学的リテラシーは有意に高い）とノルウェー（数学的リテラシーは平均，読解力は有意に高い）は総合でいえば OECD 平均，アイスランド（数学的リテラシーは平均）とスウェーデンが OECD 平均よりは有意に低い結果を示している。そのため，フィンランドを除く他の北欧の国々は，ここ数年，教育改革の動きなどを見せ，学力保証，学力の向上など，さまざまな取り組みを進めている（本所 2010；横山・加藤 2010；谷 2014；児玉 2015）。

　北欧に関して日本で知られている情報は，比較的フィンランドに関する情報が多いように感じられるが，たとえば，Ci-Nii で2014年末までの雑誌記事を"フィンランド and 教育"等で調べるとフィンランドは214件，アイスランド11件，ノルウェーは41件，スウェーデン313件，デンマーク134件という結果であった。同じ北欧の国々でも，日本で報告されている情報量には差があることがわかる。しかしながら，ここで，北欧全般の教育制度やカリキュラムなどに関して述べるには紙面に制限もあるため，詳細は，他書に譲り[(3)]，むしろ本書の主題である Lesson Study と関わる内容，つまり教員養成や現職研修に目を向

けていく。

4.2　北欧の教員養成と Lesson Study の関係

　北欧の高等教育は，ボローニア・プロセスを受け入れ，基本的に現在では，3年の学士，2年の修士の枠組みで進められている。教員養成もそれに準じて取り組まれている。

　周知のように，ヨーロッパでは，1998年のソルボンヌ宣言，それを受けたボローニア宣言（Bologna Declaration 1999）以降，2010年までに高等教育における欧州圏（European Higher Education Area：EHEA）を構築し，世界に通用する高等教育のための制度を確立する動きがあった。この改革の動きがボローニア・プロセスと呼ばれ，高等教育改革として国を越えた高等教育の制度改革の動きを進めてきた。

　欧州で高等教育を受ける場合，国を越えた行き来が比較的容易である。しかし以前は，高等教育のシステムがそれぞれ独自にあり，欧州として組織的に「高度に創造的で革新的な知識の欧州」を目指していくにはさまざまな課題に直面していた。そこで，卒業生が国を越えて移動が自由にできることを可能にし，就職率を上げ，就業とも関わる生涯学習支援をしていく政策を考えるに到ってきた。

　その1つが，3つの学位レベル（学士，修士，博士）に共通の構造を構築していくこと，共通の履修単位をカウントするシステムを構築すること，単位互換システム（ECTS）を構築すること，などを掲げた先にも述べたボローニア・プロセスと呼ばれる高等教育改革であった。北欧の中でもフィンランドなど，このボローニア・プロセスの学位取得（学士3年，修士2年，そして博士）の考え方に近い国は，2006年から試行をはじめ（小柳 2007），その他の参加欧州諸国は，2010年までにシステムとしての移行の完成を目指してきた。

　ボローニア・プロセスについては，その導入と関わって，また実際の移行の煩雑さと関わって，その問題性を指摘する声も多く見られた。しかしこの取り組みを通じて（ボローニア・プロセスに即して），参加各国は，マクロレベル

の政策として，高等教育にかなり強い国レベルのイニシアチブを発揮し，その学習結果（Outcome base）に関心を向ける取り組みを行ってきた。そして，そこではその取り組みの結果が就職に活きる点をかなり考慮し，細分化された専門を深めていくカリキュラムから，むしろあらゆる現代的な課題に応用可能な生成的なカリキュラムに関心を向ける動きに到った。

　1999年から北欧の国々のすべてが，このボローニア・プロセスを受け入れ，教員養成においても，現在，この形に準じて進められている。

　先にも触れた子どもたちの学力の質保証やその向上の取り組みは，教員養成の取り組みと密接に結びつくため，北欧の国々では，ここ最近，教員養成においてさまざまな改革を遂行してきている（伏木 2010；2012；武 2014；植松・永田 2015）。

　北欧の国々では，ボローニア・プロセスの導入により，長期化（3年の学士と2年の修士）された養成課程で，教育実習を強化し，そこで授業に関する研究（教材研究，授業実践の検討）を取り上げている。つまり北欧におけるLesson Studyの様態は養成で見られる。しかし，Lesson Studyと直接呼ばれることはそれほど多くはなく，また実際に，Lesson Studyが目指す学習コミュニティの構築も実習校で意識的に行われることはあまり見られない。

4.3　北欧の現職研修と Lesson Study の関係

4.3.1　初任者研修の場合

　では，北欧における現職研修で Lesson Study はどのように取り上げられているのか？　一つの参考資料として，Fransson and Gustafsson（2008）が挙げられる。彼らは，初任者研修などで，よく見られるメンタリングに視点を当て，5つの国（ノルウェー，スウェーデン，フィンランド，デンマーク，エストニア）について比較を行っている。5つの国では，どのような現職研修が行われているのか，を見てみると，表4-1の通りであった。

　エストニアは，国が中心となって行っている取り組みであり，他の4国は，現在のところ，地方自治体を中心にその取り組みを進めているのがわかる。

第4章 北欧における Lesson Study

表4-1 5つの国のメンタリングの取り組み比較

	エストニア	デンマーク	フィンランド	ノルウェー	スウェーデン
メンタリングをアレンジする主体	教育省, 大学, 公立学校	地方自治体, 公立学校, 大学	地方自治体	地方自治体	地方自治体と公立学校
メンタリングの形態	学校でのペアーメンタリングと大学でのグループ・メンタリングのミックスモデル	小学校と中学校では私立学校では, 経験ある教員から最初の年に10から20時間ほど支援を受ける(バディーサポート)高等学校は, 修士の学位を大学から取得後(メジャーとマイナー), 1つの学校で, 授業実践, メンターによる支援, 教育コースへの参加という2年間の研修期間がある。マイナー科目に関わっては半年の研修がある。終了後, 評価と試験を受けて, 正規採用になる。その後1年間は, 新人教員として他の教員よりも持ち時間や責任等を軽減配慮された勤務に就く。	場所により異なる。例3つのパターン。1) 1年に6-7回のペアーメンタリング, 2) 1年に6-7回のグループ・メンタリング(1グループ2-6人), 3) 1年に8回のピアーメンタリング(1グループに2-10人の教師)	1年間に10-20回のコンサルテーション。他に個人, ピア, グループ・メンタリングや, コース参加などによるメンタリングの形態を取る事例もある。いくつかのプロジェクトでは, 地方自治体の経験ある教師と教師教育に携わっている教員が, メンターとスーパーヴァイザーという役割で一緒に関わる。	メンタリングは地方によって決定された異なるタイプが行われている。たとえば2週間に1回など
メンタリングの期間	1年間	学校レベルによって異なる	ほぼ1年間	ほぼ1年間	ほぼ1年間
メンタリングにおけるミーティング	個人と共同によるサポート。自己分析をねらいとする省察的ディスカッションは, 新人教員が提示する話題と関わって行われる。	個人によるサポート。個人と共同によるサポート。省察的ディスカッションは, 新人教員から話題が提示されるところで行われる。	個人と共同によるサポート。省察的ディスカッションは, 新人教員から話題が提示されるところで行われる。	個人と共同によるサポート。省察的ディスカッションは, 新人教員から話題が提示されるところで行われる。	個人と共同によるサポート。省察的ディスカッションは, 新人教員が提示する話題と関わって行われる。

第Ⅱ部　欧州における Lesson Study

メンターの役割	聞き手，質問を投げかける人，支援する同僚，互いに評価し合う友人，省察のパートナー，学校文化を教える人，学習者	学校レベルによって異なる。聞き手，質問を投げかける人，支援する同僚，互いに評価し合う友人，省察のパートナー，学習者	聞き手，質問を投げかける人，支援する同僚，互いに評価し合う友人，省察のパートナー，学習者，個人差への対応者	聞き手，質問を投げかける人，支援する同僚，互いに評価し合う友人，省察のパートナー，学習者	聞き手，質問を投げかける人，支援する同僚，互いに評価し合う友人，省察のパートナー，学習者，地方の教育課題と個人差への対応者

　しかしながら，スウェーデンは，国家的な取り組みから地方自治体へ移管していくアプローチを取り，ノルウェーは，徐々に国家的な取り組みに向かっているのがわかる。一方，デンマークやフィンランドは地方自治体を中心に進められ，それをネットワークで結んでいく取り組みであった。特にフィンランドは，以前から教師という職業に関わって人気があり，教育学部に入る競争率が他の北欧の国と比べて極めて高かった。それに加えて，PISA の結果の影響もあり，教師の社会的ステータスは高い。そのため養成のときから，かなり高度で丁寧な研究ベース（research-base）の授業研究の取り組みをしていくことに関心が向けられ，初任研修を含む現職研修は個人の関心や環境に任されることが多いことも報告を読む中で明らかになった。表4-1の中に見られるグループ・メンタリングとは，メンタリングの形式として，グループの形態をとっているものであり，学校内の教員で行われる場合もあれば，学校を越え，行われる場合もあるという。日本でメンタリングが行われる場合，そこでは授業研究等を通じて行われる場合が多い。北欧における現職研修場面で Lesson Study がどのように関係しているのか？　このグループ・メンタリングについてさらに掘り下げて見ていく。

4.3.2　グループ・メンタリング

　ここでは，フィンランドで見られるグループ・メンタリング，より正確には，ピア・グループ・メンタリング（PGM：Peer-Group Mentoring）と呼ばれている取り組みを通じて，その取り組み内容を見ていく。

① ピア・グループ・メンタリングとは

　PGMは，専門性の開発を支援するモデルの1つである。PGMは次に示すように伝統的なメンタリングモデルとは一線を画しているといわれている（Heikkinen, Jokinen, & Tynjaj 2012）。

　　1）伝統的なメンタリングは，経験豊かな人が，若手の同僚に専門知識を伝える。しかしPGMは，メンターとメンティの関係が，互恵的でお互いに与え合える何かをもっている。

　　2）伝統的なメンタリングは1対1のディスカッションの中で行われるが，PGMは，初任者の人たちと彼らよりも経験のある人々で構成されたグループで行われる。グループの理想的なサイズは，5人から10人の範囲で行われる。

　　3）伝統的なメンタリングの学習コンセプトは，知識は人から人へと伝えられることを想定しているが，PGMは，知識は構成的に築きあげられていく立場に立っている。我々はいつも自分にとってより優先度の高い知識，概念，経験，信念に基づいて新しい知識を解釈しようとするからである。同じことも違う方法で解釈され，理解される。そのため，共有された理解を作っていく上で，ディスカッションを行うことが本質的な要素となる。すなわち知識は伝達されるのでなく，社会的相互作用の中で築かれ人の概念を形作っていく。

　このようにPGMは，相互の経験を共有・省察し，仕事上で出会う問題や挑んでいくことを論議し，互いに聞き合い勇気づけ合い，互いから学び合う活動を意味している。そのため形態としてグループの形は取っているがメンターが常に伝達している活動はPGMではなく，そこに互恵的な関係がなくてはならないことを前提としている。したがって，この種のグループ活動は，いつも次のような倫理的な原則をおさえてくことが重要になる。つまりグループのメンバーは等しい参加者の関係にある。みんなの声を聴き，誰かによってディスカッションが支配されない。グループで共有されたことは，外部に漏らしてはならない，などである。

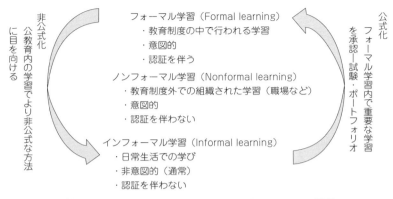

図4-1　フォーマル・ノンフォーマル・インフォーマル学習

　次に PGM の背景にある学習モデルは，構成主義的学習観に立っているが，さらに専門家の学習は，フォーマルな学習だけでなされていないということを前提としている。

　図4-1は，European Commission (2001) などで言われている，フォーマル学習，ノンフォーマル学習，インフォーマル学習の関係を示している。

　教員の専門性開発も，そこに示されているフォーマル学習だけで行われているわけではない。公的な機関を通じた研修だけでなく，外の機関や研究団体，日常生活の中でも学んでいる。したがって PGM はこの点に着目し，3つの学習の統合の場として，その可能性に信頼を寄せている。

　最近の国際的なメンタリングの研究では，メンタリングが教育実習のスーパーヴィジョン（supervision）と同じ意味で使われる別の広がりもあるが，一方でメンタリングは，協同・協働，同僚性，相互行為などと関連付けて用いられる広がりも多くなってきている。PGM は，その動向と深く関わっている。

　このようにメンタリングの相互作用的な特性は，協同メンタリング（co-mentoring），相互メンタリング（mutual mentoring），協働メンタリング（collaborative mentoring），同僚協働メンタリング（peer collaborative mentoring），批判的構成主義的メンタリング（critical constructivist mentoring），対話メンタリング（dialog mentoring），同僚メンタリング（peer mentoring）というさまざまな

言葉で表現されている。しかし実践的には同じ方向に向かっており，PGM もこの同じ方向に向かっている考え方に立っている。

最後に挙げられるのは効率性という考え方である。それは，たとえばなぜフィンランドで PGM を取り上げているのかを知ると理解できる。それは以下の3つである。1つ目は，PGM は，グループで取り上げる話題をよりさまざまな見通しから取り上げられるように，拡張的な社会的学習が可能になる。2つ目は，PGM は，メンターの必要人数が，1対1のメンタリングよりも少なくて済みコストも多くかからない。3つ目は，活動をするための組織構成がより柔軟にできる強さがある，ということであった。

以上のように，PGM には，1）構成主義的学習観，2）3つの学習の統合の場，3）協同・協働，同僚性，相互行為を生かしたメンタリング（自律性と平等性を担保）という発想，4）学習の広がり，柔軟で組織しやすい効率性といった，考え方がその根底にあることがわかる。

② ピア・グループ・メンタリングの方法

では，次に，実際にどのように PGM は進められているのか，それについて考えていく。

まず，PGM は次のような7つの項目において原則を有している。

1) グループでは授業と関わる諸問題に目を向けて話し合いをする（単に児童生徒のプライベートの話などではない）。
2) グループで説明された問題は守秘義務を伴う。
3) 各グループメンバーは，個々に応じた専門的な諸問題を話題として選ぶことができる。
4) 次の会議での話題は，電子メールで事前に送られる。それに関して事前論議を電子メールなどでする場合は，中立的で，それを考える意義を共有できるメッセージのみをやりとりできる。深刻な内容は対面で行う。
5) テーマに付随する会議を別に行う場合は，グループの会議内で承認を得る必要がある。
6) 会議で否定的な気持ちを引き起こすようなテーマが取り上げられる場

合は，会議が終わるまでにそれが取り上げられる理由を集団的に確認する必要がある。

7) 目的は，仕事上で幸福感を得ることを支援し，日常で喜びを見出すことである。

これらは，先に述べた Peer のつく理由，グループでの学びのルール，3つの学習の統合，そして知識構成ということと密接に関わっている。

そして，このような原則に基づき，教師教育における統合的な教育学（図4－2参照）を生かし，理論と実践の往還，そしてそれを自分の実践につなげていくプロセスを，PGM は重視している。

より具体的には，話し合う話題に関わって必要な文献などは事前に知らされ，それを必ず読み，それらを用いながら実践とつなげたディスカッションを行う。そして，そこで学んだことは，各自，レポートに記し，学びの記録を蓄積していくスタイルをとる。

したがって PGM のメンターは，この学びのサイクルが機能し，参加者がディスカッションの場で，平等に話せ，深く心地よく考えられるように話し合いをモデレーションしていく力量が求められる。

フィンランドでは，PGM のメンターが図4-2にあるモデルに従って，モデレーションができるために，研修プログラムをもっている。そこに参加することで，より PGM を効果的に進めていくメンターとしての専門的知見も身に着けていくことができる仕掛けを有している。

また，実際に PGM を効果的に進めていくためのキーポイントについてもリスト化されており，それらについて配慮しながら進めていく方法が共有されている。

③ ピア・グループ・メンタリングの運営上の留意点

PGM は通常，学校の中で行われているが，小規模校などが多い場合は，地区で行われることも多い。この点において，PGM の組織構成によって，取り扱われるテーマは異なってくる。

第4章　北欧における Lesson Study

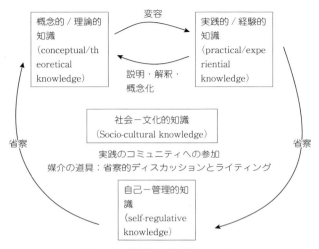

図 4-2　統合的な教育学のモデル

　学校内で行われる場合は，その時間や場所は，地区で取り組む場合に比べて，柔軟に設定しやすい。しかしながら，専門性開発において，異なる集団と出会うことにより，さまざまな知識構成も可能となることもあり，そのねらいに応じて，PGM の運営を考えていく必要がある。

　たとえば，フィンランドでは（表 4-1 参照），同じ学校から数人が PGM に参加する。他の学校の職員とテーマに即して話し合うと，その個人の成長に加えて，勤務先の学校の組織的取り組みに寄与する発想も得ることができるからという。また異なる校種で取り組む PGM も，新たな発想や専門的な学びを感化する機会になることも報告されている。

　しかしながら学校を越えて地区で行う際には，時間と場所の設定など，メンターを中心に PGM のメンバーの間で事前連絡をしっかりとることに加えて，管理職などからもこの取り組みについての支援やサポートが必要であり，集まりやすい環境を維持することが課題となる。

　一方で，学校内で PGM を組織して行く場合も，事前計画と連絡，およびテーマの決定とそれに伴う文献の用意，参加者自身の自発的な学びとルールの尊重（必ず文献を読んで参加する，学びの整理をする）なども，PGM の外側

65

で密にモデレーションしておく必要があり，そこに参加することで，専門的な知見，専門的な学びの契機となる仕掛けが重要となるということであった。

以上のように，ここでは現職研修の姿としてピアメンタリング，とりわけフィンランドの PGM を取り上げた。ここに示されているように，ここでLesson Study の取り組みが行われているとは言いがたい。広く PGM 内のディスカッションやカンファレンスの時間などを通じて，そこで授業についての話や子どもの話はなされるが，授業観察や事後検討会のような取り組みはあまり見られないからである。

4.4　北欧の Lesson Study——スウェーデンの Learning Study を中心に

では北欧では，Lesson Study は行われているとはいえないのか？　そのようなことはない。Lesson Study という言葉ではなく，Learning Study という言葉がよく用いられ，そこで Lesson Study の取り組みが見られる。

たとえば，2013年に the WALS (The World Association of Lesson Studies) conference 2013 がスウェーデンで開催された。開催国がスウェーデンのためか，キーノート（講演）やポスターセッションを除く，口頭発表161件中，スウェーデンの発表は48件あった。ノルウェー（1件）やオランダ（1件）の取り組みも報告されていた。しかし，まだ報告されている取り組みから，北欧のLesson Study の取り組みの全体傾向をつかむことは難しい。そのため，ここからは先は，WALS発表の中でも，実際に Lesson Study という言葉を用いた取り組みなども見られるスウェーデンに目を向け，北欧の Lesson Study について考えていく。

4.4.1　スウェーデンにおける Lesson Study の系譜

スウェーデンにおける Lesson Study は，Learning study と関わって行われてきた。この Learning study がスウェーデンで行われるようになったのは2003年頃といわれている。このとき，スウェーデン教育評議会（The Swedish Research Council）からの支援を受け，調査研究プロジェクトが発足している。

第 4 章　北欧における Lesson Study

　スウェーデンにおける Lesson Study と Learning study の関係について，Jonkoping university の Prof. Runesson, U. 氏より，2014年12月に聞き取った内容を用いて，以下述べていく。

　スウェーデンの Learning study の調査研究プロジェクトは，はじめ 5 つの学校と20人の教員の参加をもって始まった。そのとき，プロジェクトの長であったのが，Holmqvist, M. と Marton, F. であり，副長であったのが，Runesson, U. であった。このプロジェクトは，大学と学校で作る研究チームで緊密な協力の下，行われた。そして研究対象は，数学・スウェーデン語・英語であった。最近では，約500校の学校と1500人の教員が参加している大きなプロジェクトになっている。

　これにより，Learning study は，政策策定者，学校の管理職，教師教育者そして研究者の間ではよく知られるようになった。そして予算的にもスウェーデン教育評議会から約30万ユーロの支援を得て，うまく運営されてきた。

　このプロジェクトの取り組みの一つに，Learning study のモデル化があった。それは，スウェーデンで学習の理論の研究に長い間取り組んできた Marton, F. が客員教授として訪れていた香港教育学院のメンバーである Lo, M. L., Pong W. Y., Pakey C. P. や，その他多くの人々と作り上げたモノであった。そのモデル化の取り組みは，香港で，2001年11月27日に Marton の講義によって初めて提示されたことから始まったといわれている（Marton & Booth 1997 の内容）。

　スウェーデンでは，Lesson Study に関心を向けたとき，最初，その頃，注目を集め始めた日本の取り組みに目を向けた。しかし最終的に，スウェーデンの Lesson Study は，数年来，スウェーデンで開発されてきた学習の理論に依拠して取り組むことを選ぶことになった。

　香港での取り組みは，研究成果の最終報告も意図して，体系的にプレテストとポストテストのデザインも含んだ実証的な研究スタイルとっていた。そのためスウェーデンの Lesson Study は，その取り組みに沿って研究を進めることにした（Marton & Tsui, 2004 がその内容）。

　Lesson Study の主要な目的である教員の現職研修に加えて，スウェーデンでは，Lesson Study の中にある潜在的な研究の構成要素，つまり学習の条件

へ目を向けることにした。

　Learning study は，簡潔に述べれば，学習と学習の条件の関係に関する研究といえる。そして，Learning study は，一方で，生徒の学習を支援するために参加している教師たちの能力を伸ばすこと，そしてもう一方で，研究に参加していない教師たちにも，学習と授業（ティーチング）へ新たな洞察を導いていくことを目指した。そして，先にも述べたが，学習のデザインの条件を変える実験的な取り組み（プレテストとポストテスト）を採用し，Learning study は，進められてきた。

　その際，鍵となる特別な理論は，Marton による学習のバリエーション理論（the variation theory of learning）であった。この理論は，あらゆる Learning study で用いられたが，この理論の応用が Learning study の定義（必要不可欠な特徴）となるわけではなかった。またバリエーション理論は，1つの方法論であり，Learning study 自体の理論的な概念ではなかった。

　Learning study のモデルが用いられた最初のプロジェクトは，先にも述べたが，修士の学位を目指す15人の教師が所属する研究校をスウェーデン教育評議会が支援するプロジェクトであった。香港の事例のように，スウェーデンでは，学校の開発（教師コミュニティの成長）の文脈よりも，研究の文脈でラーニングスタディは導入された。最初は，数学が主な研究対象となった。

　2011年以降は，スウェーデン政府が，数学の学力向上に向けて大きな投資をするようになった。

　このプロジェクトの成果の評価は，Learning study が，授業を改善する効果的な方法の1つであり，生徒の数学の力を高めることが，その結果をもって報告された。プロジェクトに参加した教員は，インタビューの中で，その方法に取り組むことは，かつて経験した現職研修の中で最善であると報告していた。そして本プロジェクトを通じてもっとも有意義であったことは，教室で生徒に数学の内容を準備する（課題設定）仕方について，同僚と一緒に振り返りの時間を取れたことであったと報告された。

　一方で，Learning study は，スウェーデンでは，高等教育の場でも用いられてきた。このことは大学における教員養成に大きな影響をもたらした。その結

果として，教員志望者の学習に肯定的な影響が出たことが報告されている。

Learning study は，そこに関連する理論的な要素が含まれていたため，Lesson Study とデザイン研究を組み合わせたハイブリッドな研究として説明されてきた。

以上が，スウェーデンにおける Lesson Study と Learning study の関係であり，その歩みの経過である。

Learning study がどのように応用されてきたかは，"International Journal of Lesson and Learning Study."（2006年に発足が決められた The World Association of Lesson Studies の研究誌）に掲載されている論文から読み取れる（巻末資料参照）。最近では，北欧で就学前教育の取り組みの中でも Learning study が見られ，その研究成果が報告されている。

4.4.2 バリエーション理論とは

では，Learning study と密接な関係にあるバリエーション理論とはどのような理論なのか？

バリエーション理論は，日本では，高等教育の研究（松下ほか 2015）や数学教育（関口 2009）で少し見いだされるが，あまり報告はされていない。同じバリエーション理論という言葉を用いている，社会言語学でいうところの新しい言語変化理論としてのバリエーション理論の方がむしろよく報告されている。[4]

スウェーデンの Learning study と密接な関係にあるバリエーション理論は，先にも述べたが，Ference Marton によって提案された，学習理論である。もともとは，Marton らによる大学での現象記述学的研究（phenomenographical research）の取り組みから生じてきたアイディアであり，物事の重要な特徴の識別は，学習者と学習対象のシステマティックな相互作用の下で生じることへの着眼から出発している。バリエーションは，このような相互作用の中で生じるまさに作因（agent）であるといわれている（Marton & Tsui 2004）。

> 我々のアプローチの特徴は，意識（awareness）という点から考えることであり，過去の出来事についての知覚が（したがって，我々の記憶が），絶えず変容されているということを認識することである。したがって，こ

の理論では，まず，ある現象やトピックを新しい見方で見るようになる際の意識の本質を探ることから始め，最後には，新しい状況をより有効なやり方で扱う方法を学ぶには何をする必要があるのかについて問うことになる。もし新しい状況をより有効なやり方で扱うことができるとするなら，それにはまず有効なやり方で見ること，すなわち本質的な特徴を見分けることができなければならない。そしてその本質的な特徴を思考のなかに同時に取り込むことによりその諸側面を考慮に入れること，そのようにホリスティックに見ることができなければならない。さらに，本質的特徴を見分けるには，学習対象におけるバリエーションと不変（variation and invariance）の一定のパターンを経験していなければならない。

（マルトン 2015：93）

このようにバリエーション理論の根幹は，同じに見えるモノもそれを見る人の背景によって異なって見えることであり，そこで生じる学習に目を向けている点にその特徴がある。別の言い方をするなら，学習対象の異なる特徴や観点を識別することができるということが学習であると見なす学習理論といえる。ここで重要なのは，学習内容のキーとなる観点を教員が見定めることであり，学習者がその内容と関わる学習対象に向かう際に，さまざまなイメージのパターンが生み出されるようなモノを取り上げられるか，つまりその学習課題設定が出発点となる。バリエーション理論は，ある概念を学習者が理解する効果的な方法として，学習者が，今現在当たり前に思っている概念の特徴にバリエーションをもたせ，物事を深く考える経験をさせようとしている。

さらに Marton and Tsui（2004）は，概念や物事を見ていく，つまり識別を導くために，「対比（contrast）：たとえばある条件を満たしているか，いなか」「分離（separation）：部分と全体の区別など，キーとなる特徴による識別や次元の違いによる識別」「普遍化（generalization）：ある性質から帰納する可変を起こすパターンの発見」「融合（fusion）：あらためて，全体や他の類似概念の関係を読みとる。キーとなる特徴やバリエーションの次元を統合する」という4つのパターンを提案している。これらの識別パターンのキーワードがバリエーションを生み出す核となっていると考えられる。

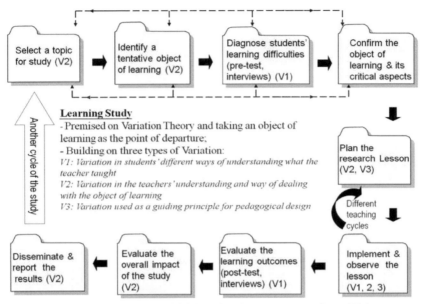

図 4-3 バリエーション理論を組み込んだラーニングスタディの手続き
出典：Lo（2012：33）．

4.4.3 バリエーション理論を組み込んだ Learning Study の手続き

では，このようなバリエーション理論を組み込んだ Learning Study を，スウェーデンではどのように進めているのだろうか？ それに関しては，Marton らと，数十年，香港で共同研究をしてきた Lo（2012）のモデル図がわかりやすい。図 4-3 内にも記されているように，Learning Study を進めていく際には，3 つの問いが重要となる。

まず出発点としてバリエーション理論を前提として，学習対象を選定する。その後，（v1）教師が教えたいことに対して，生徒の理解にバリエーションはあるか？ （v2）学習対象やそれを取り扱う方法について，教師の理解にバリエーションはあるか？ （v3）教育方法をデザインするガイドの原理として「バリエーションのパターン」は用いられているか？

この 3 つの問いを，実験的に組んだ Learning Study のサイクルにそって，

第Ⅱ部　欧州における Lesson Study

Invariant	Varied	Discernment
Spot A The Earth's rotation The Earth's revolution The light beam	The Earth's axis tilts/ does not tilt	The season does not change if the Earth's axis does not tilt.

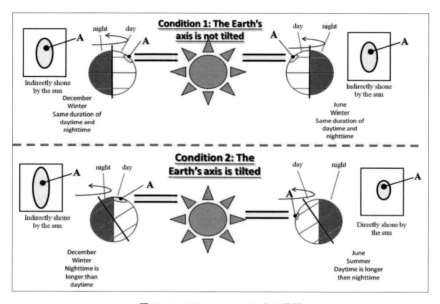

図 4-4　バリエーションによる識別
出典：Lo（2012：167）．

実証的に結果を導き（プレテストとポストテスト），明らかになったことを整理し，次の実験サイクルに入っていく。この Learning Study を通じて，教師の課題設定力や授業力を参加者間で，協同で磨いていく手続きがとられている。

　授業の中では，図 4-4 のような，変わる部分と変わらない部分を識別させ，そこで何が識別のキーとなる特徴かを明確にさせていくことに，バリエーション理論が用いられている。そこで出された，学習者の応答の記述が，プレテストやポストテストで判断され，結果どの子にどのような識別が可能となったのか，クラス全体ではどうか，どのような教師の手立てが学習者には評価されて

第 4 章　北欧における Lesson Study

いるのか，教師はどのように学習者の識別の変化を捉えているのか，等が明らかにされる。このような一連の手続きがとられている。

4.5　まとめにかえて

　以上，本章では，北欧の Lesson Study に関わって，フィンランドの取り組みから養成教育や現職研修の実際と Lesson Study の関係を探り，次に，スウェーデンの取り組みに光を当てて，実際にどのような関心や手法で Lesson Study が行われているかを見てきた。これらを通じて，日本の現今の Lesson Study の主要な研究の関心や手法とスウェーデンの取り組みとの類似点と差異を考える手がかりを示すように努めてきた。スウェーデンや香港などを中心に展開されているラーニングスタディベースの Lesson Study と日本で関心が向けられている授業研究を通じた専門的な学習コミュニティの構築と学校改善に関心を向けている Lesson Study の取り組みについて，よりその関係考察が進むことを期待したい。

　最後に，日本の教育工学研究と本章で取り上げたスウェーデンの取り組みの関係について少し言及し本章を終えたい。本章の後半にスウェーデンのバリエーション理論を参照した Lesson Study について解説した。おそらく教育工学研究の歩みに詳しい読者は気づかれたと思われるが，スウェーデンの取り組みが参照しているバリエーション理論は，教育工学研究の中でいえば，坂元ら(1976) が述べてきた次元分けと非常によく似た関心が用いられていることに気づかれるだろう。しかし，バリエーション理論の主要な関心は，学習者にその「識別力」を培うこと，そしてその方法により関心を向けているのがわかる。一方，坂元氏の次元分けは，どちらかというと，子どもたちにある知識等を培う際に，効果的にそれを導く課題設定や問いの設定の手法として，教師の授業設計力を培うことに関心を向け，その授業デザインと関わって主に言及されていた。バリエーション理論の誕生は 1970 年代であり，坂元氏が次元分けについて明らかにしたのも同年代である。それぞれの参考文献で引用されている文献は調べた限りそれほど一致してはいない。そのためおそらくその時代に似た関

心が世界で生じてきたのかもしれない。いずれにしろ本章を通じて，今後教育工学の財産である次元分析を用いたこれまでの研究とバリエーション理論に基づく Lesson Study の関係を問う研究が生まれ，今後の日本の Lesson Study の研究に，教育工学の財産が，最近の研究の成果も加味し，新たな切り口と現れてくることを期待したい。

注
(1) スウェーデンとフィンランドの違いが語られている。
http://web.kansya.jp.net/blog/2010/05/1056.html（2015年1月確認）
(2) 国利教育政策研究所（2013）「OECD 生徒の学習到達度調査（PISA 2012）PISA 2012年調査国際結果の要約」p. 10 参照。
(3) スウェーデンとフィンランドの最近の教育制度は，以下に説明されている。栗田真司・秋山麻実・高橋英児（2011）「フィンランド共和国・スウェーデン王国における教員養成制度と附属学校園の役割に関する調査研究」（「国立大学附属学校園の新たな活用方策」）
http://www.mext.go.jp/a_menu/koutou/itaku/__icsFiles/afieldfile/2011/06/16/1307272_3.pdf.（2015年1月確認）
ノルウェーの最近の教育制度は，以下に説明されている。森信嘉（2009）「ノルウェーにおける言語状況と言語政策・言語教育政策」『拡大 EU 諸国における外国語教育政策とその実効性に関する総合的研究報告書』（平成18-20年度 科学研究費補助金プロジェクト）
http://www.tufs.ac.jp/common/fs/ilr/EU/EU_houkokusho/mori.pdf
(3) フィンランドでは2003年以来，PGM の取り組みを city of Kokkola で取り組み，2008-2010年には国の基金の支援を得て，本取り組みの効果検証とそれに必要な環境整備なども行ってきた。その成果から報告されたものである。
(4) Weinreich, Labov & Herzog (Weinreich, U., Labov, W. & Herzog, M. I. (1968) "Empirical foundations for a theory of language change," In Lehmann, W. P. & Yakov, M. (Eds) *Directions for historical linguistics : A symposium*, Austin : University of Austin Press, 95-195.) が述べる社会言語学で言うところの新しい言語変化理論としてのバリエーション理論については，日比谷潤子（1988）「バリエーション理論」『言語研究』93：155-171参照。

参考文献

Britton, E., Pine, L., Pimm, D., and Raizen, S. (2003) *Comprehensive Teacher Induction. Systems for Early Career Learning*, Boston : Kluwer Academic Publisher.

European Commission (2001) Making a European Area of Lifelong Leaning a Reality. Brussels : Commission of the European Communities.
Retrieved from http://www.bologna-berlin2003.de/pdf/MitteilungEng.pdf

Fransson, G., and Gustafsson, C. (Eds.) (2008) *Newly Qualified Teachers in Northern Europe, -*

Comparative Perspectives on Promoting Professional Development−, University of Gävle, Vail Press.

伏木久始（2010）「協働的な学びの指導者を養成するデンマークの教員養成」『信州大学教育学部研究論集』(3)：115-126.

伏木久始（2012）「デンマークにおける教育実習の現状と課題（教育実習の質保証をめぐる今日的課題──『教師教育者』という視点から）」『帝京大学教職大学院年報』(3)：18-22.

Heikkinen, H., Tynjaj, P., and Kiviniemi, U. (2011) "Integrative pedagogy in practicum," In M. Mattson, T. V. Eilertsen and D. Rorrison (Eds.), *Practicum Turn in Teacher Education*, Rotterdam : Sense Publishers.

Heikkinen, H., Jokinen, H., and Tynjaj, P. (2012) *Peer-Group Mentoring for Teacher Development*, London and New York ; Routledge.

本所恵（2010）「スウェーデンの場合──数学のグループ・ディスカッションを評価する」松下佳代編著『〈新しい能力〉は教育を変えるか──学力・リテラシー・コンピテンシー』ミネルヴァ書房.

児玉珠美（2015）「デンマークにおける北欧の教育連携活動の影響──Ny Nordic Skole に着目して」『早稲田大学大学院教育学研究科紀要：別冊』22（2）：37-47.

Lo, M. L., and Marton, F. (2011) "Towards a science of the art of teaching : Using variation theory as a guiding principle of pedagogical design," *International Journal for Lesson and Learning Studies*, 1 (1)：7-22.

Lo, M. L. (2012) "Variation Theory and the Improvement of Teaching and Learning," Göteborg studies in educational sciences 323, Göteborg : Acta Universitatis Gothoburgensis.

Marton, F., and Booth S. (1997) *Learning and Awareness, Mahwah*, NJ : Lawrence Erlbaum Associates.

Marton, F., and Tsui, A. (2004) *Classroom Discourse and the Space of Learning, Mahwah*, NJ : Lawrence Erlbaum Associates.

フェレンス・マルトン（著），松下佳代（訳）（2015）「学習の教授学理論に向けて」松下佳代・京都大学高等教育研究開発支援センター編著『ディープ・アクティブラーニング』勁草書房.

小柳和喜雄（2007）「フィンランドにおける教師教育改革の背景と現状，及びその特徴の明確化に関する研究──教職大学院のカリキュラム構築への示唆」『奈良教育大学紀要　人文・社会科学』56（1）：193-203

坂元昂・武村重和（編著）（1976）『教材の次元分けと授業設計（授業研究の新課題，4）』明治図書出版.

関口靖広（2009）「L3 数学教育におけるバリエーション理論の意義と展望──学びの「アフォーダンス」の探索（L【数学学習・指導における心理学的研究】）」『数学教育論文発表会論文集』42：733-738.

武寛子（2014）「スウェーデンにおける教員養成課程の質保証に関する考察」『国際協力論

集』22(1):55-76.
谷雅泰(2014)「中道左派政権によるデンマークの教育改革——よりよい国民学校をめざす方策の提案」『福島大学人間発達文化学類論集』(19):27-40.
植松希世子・永田忠道(2015)「初等教員養成でのグローバルなものの見方と異文化間能力の必要性——フィンランドと日本の比較研究」『初等教育カリキュラム研究(広島大学大学院教育学研究科初等カリキュラム開発講座)』(3):13-22.
横山悦生・加藤敬之(2010)「2009年ノルウェー教育調査報告(特集 ノルウェーの教育と文化)」『子どもの遊びと手の労働』(437):3-9.

第Ⅲ部
北米における Lesson Study

第 5 章

カナダにおける Lesson Study

澤本和子

　第 5 章は，カナダの研究報告である。まず，日本の授業研究から起こし，当地の研究状況に影響を与えている欧米の研究動向に触れる。この詳細は，他章に譲りたい。ここでは学会関係の発表物を主に概観し，WALS や AERA，CSSE におけるカナダの研究者の授業研究のリファレンスを行う。その上で，筆者が1999年から研究してきた，オンタリオ州グランド・エリー学区における学校訪問調査結果の科研費研究報告（2012年他）と，2013年の日本女子大学国際シンポジウム発表等でのアクションリサーチの成果を述べる。

5.1　教師の成長・発達と授業研究

5.1.1　ショーンのモデル転換論への道程：授業研究経験をふり返る

　戦後授業研究の歴史を，三橋（2003）では大略，次のように整理する。

　　…戦後民主主義教育の流れの中で，本格的な授業研究は重松鷹泰の『授業分析の理論と実際』に始まり，教育実践の中からいわゆるベテラン教師，斎藤喜博，東井義雄，大村はまらの授業論が展開されてきた。1970年代に入るとコミュニケーション分析を中心としたアメリカの授業分析法が紹介され，教育工学的方法による授業研究が隆盛し，幾多の教授・学習行動のカテゴリーシステムが開発され，授業の設計・分析・評価の一貫した方法も研究され，従来の教授学研究と相対すると考えられてきた。このように，諸外国…の授業研究の動向に刺激や影響を受け，さらに…理論をそのまま受け入れるのではなく，日本の教育風土に根ざしつつ，…独自の…教育学

を生み出すとともに育みながら，歴史的にも多岐・多様にわたり混在しながら今日に至っている。(p.7)

　以上は，教育工学を中心とする丁寧な整理として評価したい。特に，戦後授業研究の12人の担い手の手法等の図表化による整理は労作といえる。今後，この膨大な領域を研究し更新していくことで，後継者にはその精度を高める道が拓かれたといえる。また三橋（2003）では，井上光洋の論によるとする授業研究方法論の視点を次のように整理する（p.7）。

　　Ⅰ　授業記録の方法【1.観察　2.観察筆記　3.写真　4.テープレコーダー　5.VTR　6.その他】　Ⅱ　授業記録の対象【1.抽出児　2.グループ活動　3.教授行動　4.学習行動　5.授業全体】　Ⅲ　授業分析の視点【1.教材研究・分析　2.授業設計　3.子どもの内的・外的行動　4.教師の内的・外的行動（教授スキル）　5.コミュニケーション過程　6.コミュニケーション過程　7.教師教育との関連】　Ⅳ　方法論【1.目標論・評価論　2.授業設計論　3.教師の知覚・認知　4.コミュニケーション分析　5.評定尺度　6.認知科学（子ども）　7.システム・シミュレーション，ゲーム　8.アセスメント手法　9.人工知能・知識工学　10.過程決定モデル】

　1990年頃の佐藤学によるショーンの紹介は，実践家主体の「研究」成立を保障した。Schön（1983）は言う。

　　専門的知識についての問いを，もう1度あらためて考えることにしよう。…中略…〈技術的合理性〉のモデルが，『拡散的』な状況での実践的能力を説明できないという点で不十分だとするならば，そのモデルは余計に駄目だということである。実証主義の認識論に代わって，〈わざ〉を中心とする直観的なプロセスに暗黙に作用している実践の認識論について，探究を深めることにしよう。この実践の認識論は，実践者が不確実で不安定，独自で価値観の葛藤をはらむ状況をもたらすような認識論である。

　　　　（Schön 1983：49，柳澤・三輪訳 2007：49，以下，引用はこの訳書に拠る）

　これは同書「第2章　技術的合理性から行為の中の省察へ」の，初めの〈技

術的合理性〉の成功と限界を論じる節の最終部分である。次の節で,「行為の中の省察 reflection in action」論を展開する。ここで重要なのは,最後の一文であろう。今日の授業研究には,ショーンのいう「厳密性か適切性か rigor or relevance」をめぐるディレンマの中で,「ぬかるんだ低地」（柳澤ほか訳,p. 42）にとどまる研究が求められており,こうした認識を必要としているといえる。

5.1.2 授業研究,Lesson study とルイス（2002）・スティグラーほか（1999）

小中学校では,教員研修の年間計画に授業研究を位置付ける地区は広範囲にわたる。かつてのそれは,アカデミックな授業研究とは必ずしも同じとはいえず,その成果にも学会とは異なる評価があった。今日では,教育実践の課題に応え得る研究推進は,大学に対しても世界的に要請されている。欧米の教育研究が教育実践研究重視にシフトし,ショーンの提起した「省察的実践家 reflective practitioner」モデルによる実践研究の重要性も認識されている。

教師のための校内研修の重要性が世界的に認識され,校内研修の一環に位置付く授業研究もまた,「研究」としての内容論と方法論を明らかにする課題を共有することとなる。語義の定義にはまだ揺れあると考えるが,「Lesson Study」と「授業研究」を本章では同義に使用する。その理由の一つとしては2章の柴田氏の論や,米国におけるルイスの論が挙げられる。後者はルイス（Lewis, C. 2002）等で,日本の校内研究会での研究授業や日常的授業研究を「Research Lessons」として紹介している。Lesson Study と「授業研究」の定義を厳密化するには,もう少し時間が必要と考える。

Lewis（2002.5-6）にも引用があるが,スティグラーほか（Stigler, J. & Hiebert, J. 1999）では,日本の授業研究とその研究文化を教員研修システムに結び,それが,教師の成長・発達に有効だと評価した。学力の国際競争を背景に,日本の授業研究が世界的に注目されるようになり,「授業研究／lesson study」として広範囲で受容,研究されて今日に至る。筆者の2000年9月18日の日記では,平積みのこの書をトロント大学書籍部で発見し,立ち読みして面白いので購入し,帰途の機内で6章と7章を読み続けたとあり,その要約を記している。一部を要約紹介すると次の通りである（澤本 2000）。

日本の教師の優れた授業技術の一部をアメリカの教師に伝えて、それを（アメリカの）教師が導入しても、生徒たちは従来の文脈で以前と同様に、教師が問題の答えを説明するのを待つだけだった。授業は、それ自体が文化的システムであるため、その一部だけを変えても、授業改革の効果はあがらない。システムそれ自体を変更することを考えなくてはならないのである。

　上掲書やLewis（2002）では、日本の教師は中央集権的システムの中で、過去50年間にわたり長い時間をかけて小さい改革を積み重ね、今日の成果を得たとする。岡崎（2006）によれば、スティグラー等の著書が反響を呼んだ背景には、アメリカでの第3回TIMSS：1995年の調査（国際数学・理科教育調査）結果の不振が挙げられるという（岡崎 2006：21）。そして「授業の社会的・思想的背景」（同：29）への着目の重要性を強調している。

　授業を研究するとき、研究者がどの視点から授業を研究するのかは重要な問題である。研究者が学校を訪れ、授業を観察して客観的に分析・考察する手法は「教授学」研究として日本で長く実施されてきた。他方で、授業を実施する教師自身が、自分の授業を研究する手法がある。これは教師の主観的な授業記述をデータとする課題があり、信頼性の低い研究と見なされることが多かった。けれども、「子どもが喜ぶ授業をしたい」「生徒、全員がわかる授業をしたい」と願う教師にとってそれは、切実な課題をはらむ「研究」でもあった。

　一人称視点の授業研究の先達をたどれば、20世紀前半に芦田恵之助や垣内松三が授業の内省を重視する教師の研鑽を提起した（澤本 2014）。それは「研究」というよりは、「修養」などと呼ばれた。芦田は「内観」というが、自分が進めた授業を自分の内面で見直し検討して考察する。禅と静座（坐）法を学び、その直観的な了解過程を言語化しつつ洗練する、知性と感性による統合的了解の学びの技を練磨する手法を「修養」としたのであろう[1]。野地（1961, 1962）では、前者は芦田を例に「日本における内省派の伝統」を、後者は垣内（1936）の「実践の技術学」での内省重視を論じている。国語教師の内省重視の研鑽の伝統は今日に続く（澤本 2014：53）。芦田の授業研究における土着的宗教的な研鑽手法は、岡崎（2006）のいう「授業の社会的・思想的背景」（p. 29）にも関わる。

Lewis（2002：14-15）では，"hansei — Self-critical Reflection" が日本の学校だけでなく，文化として強調され尊重されている，と評価する。この自己内省の文化は，ルイスもいうように，学校等の授業研究において，個人を越えて協同で研究する集団の文化形成に通ずる例といえるだろう。芦田の修養論には課題もあるが，この点では芦田の「共に育ちましょう」（芦田 1972）や「共流」（芦田 1925）[(2)]から発展して，今日の「研究文化形成」や「教師の学習」というキー概念と結ぶものと考える。一人称視点の授業研究の根底には，このまなざしが必須であり，それは今や世界的に共有可能といえる。

　これについては，デューイの再評価として早川（1994：240）のいう「探究のアート――行動的反省」や，その発展に位置づくショーンの「問題状況の設定・そこからの語り返し・それへの応答」という「反省的会話 reflective conversation」への展開，そして「教師・生徒間の協同探究――相互反省的思考の展開としての反省的教授――」の考察もある（pp. 221-269）。これを教師－子ども関係だけでなく，教師間の学び合いに展開すると前述の見解に重なる。

　ネット上の HP 情報に拠れば，2007年開催の World Association of Lesson Studies International Conference 2007（WALS 07）は，Lesson study を組織名に盛り込んだ国際学会の誕生といえる。その研究誌 *International Journal for Lesson and Learning Studies* のアブストラクトで執筆者の所属を確認すると，2014年までの範囲では，英国，米国，中国，スウェーデン，オーストラリア，日本など，各地の研究者が参加している。しかし，次の小節で触れるカナダ教育学会 the Canadian Society for the Study of Education（CSSE）や，アメリカ教育学会 American Educational Research Association（AERA）のように多くは，カナダの研究者の研究発表を見いだせなかった。カナダの授業研究については，次節以降で論ずることになる。

5.1.3　教師の成長・発達と授業研究：カナダの研究に着目して

　カナダ最大の教育研究の学会は HP の説明によると，カナダ教育学会（CSSE）だという。2015年5月～6月の学会大会プログラムでは，一般研究発表の題目は広範囲で内容も多彩である。Lesson study から見ると，これに特化

第5章　カナダにおける Lesson Study

表 5-1　Main features of selected articles. (Canada)

Authors	Topic	Type of article	Subjects studies
Ross and Bruce (2007)	Teacher self-assessment as a source of change	Research based (qualitative case study)	Teachers
Schnellert et al. (2008)	Collaborative learning from use of situated assessment tools	Research based (qualitative date in cycles of collaboration)	Teachers and researchers

出典：Avalos（2011：14）．

した発表分野が設定されているようには見えない。関連する題目の中は，中国語を第一言語とする生徒の英語指導の問題，移民家庭の子どもの教育の問題など，カナダの現実を映す内容といえる。そして，ネイティブの子どもの多い学校の研究も取り上げている。この他，カナダの研究者による先進的な研究成果では，質的研究による教師の実践的知識研究で Elbaz（1991）や Connelly & Clandinin（1990）等の成果がある。他にもトロント大学オンタリオ教育学研究所（OISE）の Chassels & Melville（2009）なども興味深い。

一方，AERA（アメリカ教育学会）は，カナダでの開催もあり，2005年のモントリオール大会には筆者も参加した。AERA の Division K で知った教育研究誌 *Teaching and Teacher Education* に掲載されたアヴァロス（Avalos 2011）のリファレンス研究は，2000〜2010年に同誌に掲載された教師成長研究論文のレビューである。111論文を，"Professional learning" "Mediations" "Condition and factors" "Effectiveness and professional development" "Specific areas and issues"（専門的学習，調整，条件と要因，効果と専門性成長，特別な分野と論文）に大分類し，さらに下位分類して表に示した。それに拠るとカナダの研究者の論文は10で，研究テーマは多様なカテゴリーに分類される。続いて "3. 教師専門性成長研究で選ばれた論文" では，今後の教師専門性成長研究における主要テーマとなる手法を提起する研究として9論文を摘出し，詳細に論じる。選択の観点は研究のテーマ性に加えて，同誌の国際的特性である地理的・文化的文脈の違いに着目したという。この中にカナダの2論文がある。表5-1は，それを一覧表から抽出したものである。9論文の評では，対象が複雑であり一様に結論を出すことは難しいと繰り返し述べている。冒頭のショーンの「ぬか

るんだ低地」(p. 42)の比喩を想起させる結論といえる。

5.2 オンタリオ州とグランド・エリー学区の教育・Lesson Study

オンタリオ州グランド・エリー教育委員会（以下，GDSB と表記）を筆者が訪問して，初めて現職教員研修に参加したのは1999年9月である。集まった10名余りの教師たちの話し合いは，日本で授業研究をしている自主的研究サークルの雰囲気に良く似ており，和やかな中にもシャープに切り込む対話が自然に行われていた。その様子は澤本（2003）等にまとめた。以来15年以上の研究交流を続けている。以下ではこれを踏まえて，GDSB の授業研究を，吉崎静夫日本女子大学教授を研究代表者とする科研費研究による訪問調査報告（吉崎ほか2012）を参照し，了解を得て紹介する。続いて実践事例について，アクションリサーチの研究事例を紹介する。

5.2.1 オンタリオ州の教育：吉崎科研報告書（2012）から

初めに，カナダ教育連盟の HP で紹介されている情報を提示する。

カナダは10州と3つの準州からなる連邦制の国家で，国土は9,970,610平方km，人口は約3,000万人である。この国の教育制度は，1867年に成立した「英国領北アメリカ法」により，教育に関する権限は各州の管轄とされた。中央集権国家の日本の教育制度とは異なり，各州に教育行政を担当する教育省がある。教育制度は基本的には州の教育省が進めており，州ごとのシステムが尊重される。しかし連邦政府は，極めて広い範囲で教育行政に関わりをもつ。国全体として取り組むべき教育課題や，国全体の発展に関わる教育についての重要課題は，連邦政府も協力や指導助言を行う。また3準州の教育行政は連邦政府直轄下にあり，全州の先住民（native people）の教育等は，それぞれ官庁を設けて直接に管轄する。義務教育は6-7歳〜15-16歳である。オンタリオ州は人口最多で，州都トロント市は国内最大の都市である。公用語は英語と仏語で，基本的には両言語を習得するシステムが配慮されている。

オンタリオ州教育省 HP には，以下の情報が提示されている。州では，

4,000の小学校に140万人の小学生が通学する。「各生徒の可能性をひらく」ことを重視する初等教育を目指すという。「強力な読み書きのリテラシー能力と計算能力はすべてのアカデミックな能力の重要な基礎である。」として，州政府の目標を，「75％の生徒が，リーディングとライティングと数学の州標準の目標を達成すること」に置く。小学校のトピックでは，アボリジニの教育がある。また，高校卒業生の数値の増加も強調されている。日本でも中途退学者問題は大学まで及ぶが，当地でも卒業へつなぐ努力が為されている。学級規模縮小のアピールもある。幼稚園から小学校3年生までの学級規模を23人以下にする施策を実施し，「2010年11月，すべての小学校のクラスで」達成され，「全体の90.2％が20人以下」だという。「小規模クラスの子どもは，そうでないクラスの子どもに比べて，より高い関心を持ち，より改善した行動をとり，高等学校においてよりよく成功する。」とする。その他，キャリア教育の基本方針等やオンタリオ州の教育カリキュラム（学年別）など，詳細な情報が配置されている。2015年にHPを再確認すると，より強調されていたのは，健康管理教育の強化と教員研修サポートである。後者は研修支援について詳細な説明が親しみやすく提示されている。ビデオ映像情報も多数盛り込まれており，力を入れている様子がうかがえる。(http://www.edu.gov.on.ca/eng/research/OERP.html)

5.2.2　グランド・エリー学区のLesson study：吉崎科研報告書（2012）から

　訪問調査は，2010年3月23日〜25日の3日間実施した。以下は，特色のある公立校（幼・小・中を含む）3校と教育委員会の訪問調査結果である。どこも授業の参加観察とビデオ撮影，教員や校長等管理職へのインタビュー等，かなり自由に調査した。また，午後に教師の研究発表会を用意する学校もあった。訪問直後のまとめ（黒上 2010）をもとに，吉崎静夫・村川雅弘・木原俊行・澤本和子執筆の項（吉崎ほか 2012）から略述する。写真は当該校の了解を得て，黒上晴夫教授が撮影・発表したものである。

　どの学校もオンタリオ州が目標とする学力向上の課題に熱心に取り組んでいた。オンタリオ州が実施するEQAO（Educational Quality and Accountability Office）の試験結果は，小学校のHPにも掲載されており，教師にはプレッ

第Ⅲ部　北米における Lesson Study

写真5-1　教材・教具開発室の様子

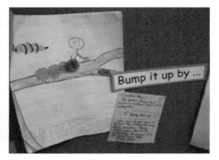

写真5-2　5年生のルーブリック一覧と作品例

出典：North Ward 小学校：2010年：黒上晴夫教授撮影

シャーだという。どの学校も学力向上のためのプランと実施に努力しており，その成果もルーブリックなどを用いて工夫しながら評価している。とはいえ，教育委員会へのインタビュー調査では，その結果で学校予算を変えるようなことはしていないという。筆者の印象でも，プレッシャーはあるが，それで教師たちがぎすぎすしている印象は受けなかった。主な特徴は，①教師の協同開発による教材や教具と，②ルーブリックの活用である。

　学校ごとに教材や教具を開発し保存し，教師が自由に使える工夫があった。写真は North Ward 小学校の例である。教材や教具をパッケージ化して，使いやすく整備している。単元ごとにまとめてワゴンに積み，すぐ使える物もある。写真左上で説明する管理職は，作成物の呼称が貼ってあるパッケージケースと

使用者ラベルのある使用中の棚の様子を説明する。Guided Reading や Shared Reading の教材も複数用意され、クラス全員やグループで読み合ったり、能力別にグルーピングして読んだりできる配慮がされている。低学年は1学級の児童数が19人以下であるので、教材・教具の準備や収納も日本の半数で済む。

North Ward 小学校と Cederland 小学校では、発達段階に応じたルーブリックを活用していた。子どものための説明が教室掲示で示され、子どもや管理職だけでなく、同僚や保護者も共有できる仕掛けである。掲示方法にも工夫があり、視覚的効果だけでなく、学習意欲を引き出す配慮もしていると感じた。情報は管理職や、教師同士で共有されている様子であった。

5年生の教室では、4段階のレベルごとの学習課題におけるルーブリックが、写真左下のように示されている。そして、実際に課題を突破した子どもの作品も、"Bump it up"（レベルアップした）例として示される（写真右下）。こうしたヴィジュアルな手法で学習環境設定を行い、子どもたちが多様な学習材・教材・教具を手にして学ぶことができるように教師が話し合い、情報を共有し合い、協力して行くのも、広義の Lesson study といえよう。オンタリオ州教育省 HP にもあるように、大学とのコラボレーションや行政の支援も普及しており、教師の学習を促進し、充実する配慮がなされていた。

5.3 リビング・セオリーに依拠したアクションリサーチ

5.3.1 小史と基本情報

2004年2月に、科研費研究で招聘した際の寄稿論文 Delong（2004）では、次のようにこの地区を紹介する。「この地区は、オンタリオ州中南部で4,067平方 km のエリアを包含する。私たちは合計3万の就学人口に伴う、4～14歳の学童のための70の学校を有し、14～20歳の生徒のための16の学校で働く2,000人の教育スタッフを雇用している。」

当地のアクションリサーチ小史では、1995年に教育委員会がオンタリオ州教育省から研究資金援助を受け、他の4つの教育委員会と提携し、アクションリサーチのカリキュラム開発プロジェクトに参加したのが開始だという。5人の

教師と2人の管理職で始め，学校制度の中に研究とリフレクションと研究文化を構築する過程を開始した。それは小グループとして始まり，2004年には300人以上の実践研究者の専門的集団に成長したという。その後も実績を示して予算を獲得し組織を拡大し，出版や研究会を開催し，ニピシング大学やブロック大学との連携研究や，修士課程での現職教員研修プログラム開発等を実施した。今日では予算も保障され，研修時間の確保や研修支援システムも整備された。詳細は，Delong（2004）やGDSBのアクションリサーチのHP（Action Research in Grand Erie）などにある。研修で使用した文献では，McNiff & Lomax & Whitehead（1996）が効果的だったという。研究の指導者はホワイトヘッド（Whitehead, J.）博士で，彼のリビング・アクションリサーチ・セオリー Living Action Research Theory（生きることのアクションリサーチ理論：Whitehead 1989）を学んだという。

　アクションリサーチは，教室実践を教師が自分で研究する一人称の研究である。教師自身は自分が何をしたのかを外側から見ることができない。そこで，自分の行動を知るためには，それを映す鏡が必要になる。データは教師自身の姿を映すものであり，教師が自分の授業に求めるものが捉えられるものであることが望ましい。実際には，質的データと量的データの両方を利用するが，質的データの利用は必須であるように見える。データを整理してリフレクションし，クリティカル・フレンド（critical friend）との対話を経て，自己のリフレクションを対象化し，研究成果をまとめて発表し，さらに研究仲間と共有し洗練していく。

5.3.2　初期のアクションリサーチ事例研究

　GDSB, Delong（2001）は当地のアクションリサーチの成果報告書第1巻で，続きもネット上で2008年のVol. 8まで閲覧できる。第1巻は3部構成で，第一部「グランド・エリーのアクションリサーチとはどのようなものか？」，第二部「EQAO結果の改善」で16本の事例研究，第三部「質的評価」で11本の事例研究があり，合計319ページの大冊である。訪問後に当時の学生や院生と筆者で読んだが，到達点を示すと考えるBlack（2001）を要約し紹介する。

◆シェリル・ブラック著「9年生（16-17歳）音楽科授業における学習集団形成と学習意欲の改善——アクション・リサーチによる事例研究」2001年

　アクションリサーチ開始時からのメンバーのブラック教諭は，当時，高校の音楽科専科教師であった。前例にない程意欲が低く学習態度不良で，生徒間のコミュニケーションも不十分な居心地の悪いクラスを担任し，苦労する中でアクションリサーチに取り組む。教科担任としての改革の決意の下，まず次の課題を設定する。「どのようにすれば，生徒たちの自尊心を高め，学びに，より積極的に参加することができるのか。」以下，論文を要約して提示する。
　生徒が書く毎時の記録と，2週間ごとに教師が出す問いへの生徒の回答。教師自身の指導記録，これらをファイルに整理し4ヵ月間継続収集整理した。途中から開始したのは「ほめことば用紙」の導入である。この間2回，生徒の話し合いを録音し，生徒の変容を観察したときには，教師が別途記録を作成，追加した。この間，クリティカル・フレンドと対話して，自実践の対象化を進める。
　教師は今までとは異なり，皮肉を言うのを止め積極的に生徒に関わり，生徒を詳細に観察した。間もなく生徒各人に100枚ずつ小カードを渡し，自分の学習上の特性や才能について良いことを探して書くよう指示した。生徒たちは，約2週間で最初のカードを書き終えた。この頃，教師は生徒たちに，自分のカードを毎日読み直して，自分の成長や長所（強味）に光をあてるよう働きかけた。次の段階として，カードの記入内容の違いが彼ら自身を構成していることに気づかせるための話し合い活動を行った。この時，18人中16人が参加した。この討議の間に，特別な対話を要する生徒と教師は話し合った。2週間に1度，教師が準備した質問を生徒に渡し，生徒はそれに答えを書いた。生徒たちはこの日を「考える日」と呼び，楽しみにするようになった。また，生徒を円形に座らせて，フールズカップ大の紙にそれぞれが名前を書き，友人から誉めることばがあれば無記名で書いてもらった（ほめことば用紙）。一時に3人がその紙に関わるようにし，書き手がすぐには分からないようにした。これを回して記入してもらい本人に渡す。2週間後から生徒に変化が表れ始める。最も深刻に捉えていた生徒は，問題はあるが大分改善したと教師は評価した。しかし，

それはこの授業内だけとクラス担任との話し合いで気づき，学校生活全体での行動変容を目指す再設計を行う。半年後には，最も深刻に受けとめた生徒の変化が最大だと他の子どもたちが評価し，1年後には絶大な改善が示された。

　変更したのはほめことば用紙だけで，後はすべて当初の予定通りに完了した。当初の目的は，9年生の声楽クラスでの学習雰囲気の改善だけだった。けれども予想以上の，そして追加の意義が多かった。生徒たちの社会的責任の感覚が発達したことが見て取れた。生徒の侮蔑的なコメントを扱う必要はほとんどなかった。自分のクラスの生徒たちは，いつも退室する前に楽譜を積み重ねて整頓し，教師から促されることもなかった。互いの許容，尊敬が改善したのがわかった。結局，生徒たちは自分が特別な存在であり，尊敬をもって人に接することで，互いに同じように接することを学んだのである。

◆総　括

　研究方法上の特徴は以下の通り。① 小カードへの生徒による学習面での長所の記入，② 記入後の見直し，③ ①②に関する話し合いによる相互理解と自己理解の促進・深化，④ カード利用による課題を持つ生徒と教師の1対1対話，⑤「ほめことば用紙」による友人の評価，⑥ 教師の日誌記録との照合，⑦ クラス担任や critical friend との対話による教師行動の確認と対象化。

　①は約2週間に1度の小カード100枚配布と記入による，自分の長所や能力のプラス評価への着目を促す手法で，この整理や管理には工夫と配慮を要するであろうが，クリアーした様子がうかがえる。①と⑤は，生徒の実態から見て，自尊感情を子どもに取り戻し，高めたいという教師の願いに発した手立てである。ポイントとなるのは，①で発した手立ての効果と限界を見ながら，他の手立てと組み合わせて効果的に展開した点であろう。攻撃的な発言や行動をとる生徒には，自分が正当に評価されていないという不満と同時に，何らかの劣等感を抱く例もある。授業開始後間もなく，教師は美しい声で歌う2人の生徒を発見するが，本人たちが気づいていないことに教師が気づき，その長所・能力と可能性を生徒自らが自覚する必要を痛感したという記述がある。①〜⑦はその対応策としても適切だったといえよう。

　要約では省略したが，課題をもつ生徒の保護者とのコミュニケーションも記

述されており，基本的には，教師－生徒間，生徒同士のコミュニケーションを主体とする生徒の自己認識形成支援について教科学習を通じて実践した事例研究といえる。教師・生徒共に日誌の蓄積とリフレクションの組み合わせを主体とする手法は，日本の生活綴り方等の教育手法とも共通点があり，筆者らが取り組む「授業リフレクション研究」との共通性も見いだすことができる。こうした日誌法を主体とする事例分析は，了解性や妥当性という課題を負う例が多い。本事例では丁寧で適切な記述により，実践の質についても了解可能であった。なお，著者のブラック教諭はその後管理職となり，博士号も取得している。

5.3.3 アクションリサーチの意義と方法

Delong（2004）では，アクションリサーチは次の5つの意義を挙げる。
① 生徒にとっての意義
② 教師にとっての意義
③ 学校にとっての意義
④ 学校制度にとっての意義
⑤ 教職にとっての意義

教師が授業を改革・改善することで，その恩恵は広く影響をもたらすという考え方である。また，アクションリサーチを教師だけが実施するのではなく，子どもにも実施することで，相互に刺激し合うという手法も考えられ，実践されている。教師も子ども・生徒も共に学ぶ者と位置づけられる。

また，Delong（2004）では，研究手法を次のように示す。
① 研究課題の設定―自分の研究として重要なエリアがどこかを設定
② 自分の実践を評価するためのデータ収集
③ 研究課題の掘り起し
④ クリティカルフレンド（critical friend）との率直で誠実な話し合い
⑤ 「実践―リフレクション―修正」のアクションリサーチサイクルでの「アクション（行為）」への着目
⑥ 研究課題の修正

⑦ 自分の気づき，発見の有効活用
⑧ 結論の導出
⑨ 研究プロジェクトの記録・考察・発表と仲間との共有

「自分はどうしたら，自分の授業を改革（改善）できるのだろうか？」という疑問に取り組むのが，リビング・セオリーの出発点だという。したがって①は研究の出発点にあたる。しかし，研究を進めると，このような大雑把な課題では立ち行かないことに気づくだろう。そこで，もっと具体的な課題に変更することになる。これが③であり，さらなる発展の形が⑥である。

この研究のポイントは，上述の課題設定と，②データ収集と整理，そして，④クリティカルフレンドという同僚・先輩との日常的な対話過程にある。教育委員会では，クリティカルフレンドを務めるメンター役の教員研修や，こうした教員を指導する管理職のためのスーパーバイザー役の研修も行っていた。

以下に澤本（2005）のインタビュー調査結果により一部補足する。

①データを蓄積し，あらゆる場で利用する。②考察はデータに基づく。③重要なデータの一つは日誌。④開始と共に協同研究者（校長，ボランティアの支援者，クリティカル・フレンド等）と研究を進める。⑤結果は必ずレポートして発表する。⑥データ蓄積のプロセスは，協同研究者とのシェアを含む（データを元に理解し合う・討論するなど）。⑦自分の基準（individual standard）を，人に説明できなくてはならない。それが教師としての自分の生き方（living standard）になる。複雑な時代を子どもたちに教えるために，この形成が大事。⑧アクションリサーチの目的は，教師を育てる（nurture），自信を持たせる，計画の発展を助ける，アイデアや感じたことが実を結ぶよう手助けする，などにある。⑨研究過程で，「これでいいのか？」と問い続ける気持ちが必要。そのためにデータを集め，分析し，結果を仲間とシェアする。それが研究である。

5.3.4　2013年11月の国際シンポジウム講演における事例研究報告

ここでは，吉崎ら（2014）の最新の事例報告を紹介する。これは日本女子大学2013年度学術交流研究の招聘によるもので，ディローング博士と鹿毛雅治慶

応大学教授の講演後，吉崎静夫教授の司会で講演者2人と，生田孝至新潟大学副学長，澤本和子日本女子大学教授が登壇した。4時間半の報告である。ディローング博士の講演内容は，Delong（2013）と当日の記録に拠る。

　博士はまず，小学生と教師の協同学習の研究事例，次に高校の哲学の授業での生徒と教師の協同アクションリサーチ事例，3つ目に自身が指導する現職教師で修士課程院生19人に，指導について意見を出してもらい，それをビデオ記録し，リフレクションし，整理し，授業改善した事例研究である。4つ目は，博士の院生の現職教師が，3つ目の授業研究に触発されて，自分の指導するクラスの子どもの批判を受け入れて授業を改善する小学校の事例研究実施報告である。この内，博士の事例研究について，当日の記録と通訳の竹内身和（2013）を含む，当日の記録である吉崎ら（2013）などを参照して筆者がまとめ，関係者の了解を得て以下に示す。実践事例報告は，当日の博士の記述に拠る。

〇ディローング博士の事例研究
　ここで用いる方法論は，ホワイトヘッド博士によって創造されたリヴィング・セオリー（Living Theory）で，それは，「私は，今，自分が従事している仕事をいかに向上させることができるか」という問いに対応した，現場のさまざまな活動に根付く方法論である。そのプロセスは以下にまとめられる。
　1. まず，何を向上させたいか，を明確にする。
　2. どのように向上させるのか，についてのアクションプランを作成する。
　3. プランに従って行動し，その行動の効果を評価するためのデータを集める。
　4. 効果的か否かを判断する（評価）。
　5. 評価をもとに，何を向上させたいか，アクションプラン，行動，を修正する。
　6. 自身の専門家としての学習を記述し，説明する。また，その記述・説明の妥当性を，他者の力を借りて，評価する。

　「探求の文化」とは，生徒と教師がそれぞれの価値観を明確にし，それぞれ

がその価値観に従って生きてゆくことに責任をもつための，信頼でき，支援的なスペースを創り出すことを意味する。その探求の文化の中で，人は，自らの信じる価値観に沿って生きていないとき，つまり，ホワイトヘッド博士の言う「Living Contradiction 矛盾を生きている状態」に気付くことができる。アクション―リフレクションのサイクルは，「この子どもたちのために教える営みをどのようによりよくすることができるのか」という問いに導かれたものであり，そのサイクルの中で，このように問いかけることは，呼吸をするかのように自然なことになってゆく。この民主的で，ヒエラルキーのない環境の中で，「愛に導かれた優しさ」や「学ぶことを愛すること」を経験し，さらに，自らの身体知に気づくことで，生徒も教員も，自らの学習に責任がもてるようになってゆく。

　信頼構築のひとつの手段として，自分自身の実践をビデオに撮り，それをどのように向上できるかについての批判的なフィードバックを請うことをしてきた。学生たちの輪の中に自ら入り，ビデオ撮りして，学生たちに自身の実践の向上に向けての具体的な提案を示させたのである。「ビデオテープに撮ることで，学生からの提案をレビューし，それをしっかりと消化して，自分の変化に役立てることができた。また，これは学生たちが将来，同じような方法を試してくれることを願い，モデルを示す目的で行ったことでもあった。」と Delong は評価する。たとえば，参加していた学生は以下のように振り返ったという。

　　Delong 先生がご自身の実践を向上させる目的で私たちからの批判を受け入れて下さったのは，私にとって，重要な気づきとなりました。この経験は，私に，弱さは強みでもあり，完璧であろうとふるまうことが弱さなのだと気づかせてくれる一助となりました。Delong 先生の民主的評価のプロセスに参加させていただき，先生が実際にご自身の実践を変えてゆかれた姿や，先生が学生からのフィードバックを受け入れ続けていらっしゃった姿を目にしたことは，私が教員としての人生を送っていく上で，他のどの教員研修よりも大きな影響をもたらしました。（中略）

　そして，OISE の名誉教授マイケル・フラン教授の言でまとめた。

ワークショップに参加するだけでは深い知識は得られない。専門家の学びは，その日々の仕事の中，そして他の先生たちと一緒に学ぶプロセスの中にこそ，あるのである。確固たる学びとなるためには，それが共有されなければならないからである。

5.4 総 括

　Lesson study の語義は，授業研究とイコールでよいのか否かをはじめとして，この研究の対象と範囲と具体的な方法論を含む研究はこれからの展開が期待される。その中でカナダでは，多くの事例研究が進められているが，オンタリオ州のグランド・エリー学区の前教育長で現ブロック大学客員教授のディローング博士の事例を中心に，アクションリサーチについて報告した。1999年以来，協同研究を継続してきたが，開かれているのを幸い，日本の大学の専門研究者をはじめ，大学院生や中・高校教員等，多くの人と共に何度も訪問を重ねてきた。Whitehead（1989）をはじめ，ディローング博士の博士論文等は，すべてネット上で公開（http://www.actionresearch.net/）済みなので，直接参照されたい。カナダのアクションリサーチについては，次がある。
　http://www.spanglefish.com/actionresearchcanada/
　上述の通り，この研究手法の中でメディア，とりわけビデオデータの役割は大きい。2013年の講演でも，ユーチューブを使っての映像提示が説得力をもって参加者に支持された。研究として考えると，この手法や内容については，もっと詳細な検討が必要であろう。前述した一人称視点の授業研究の課題は，当地のアクションリサーチの課題とも重なる。多数の実践研究が報告されているが，その質の保障は本人の自己を対象化する見識だけでなく，critical friend やスーパーバイザー等との「学びの研究文化」に負うところ大である。これはルイスの「Self-critical Reflection」の文化や，芦田の「共に学びましょう」とも関連するテーマといえる。その意味でも，GDSB の支援態勢はこの15年間で劇的に展開しており，システマティックな対応とその徹底ぶりは，日本の現状と比較するとき驚かされることが多い。今後も注目していきたい。

[謝辞] 本研究は前述した，GEDS 関係や吉崎科研，日本女子大学国際シンポジウム関係，など多数の方のご理解と協力の賜物です。記して御礼申し上げます。

注
(1) 芦田の「とらわれない自己観」を踏まえた随意選題思想の確立については，松崎（2013：106）の補注で「『読み方教授』刊行から3か月後，大正5年7月の『綴り方教授の一例』をもって」するとあり，中内（1970：85）の大正3年10月説や滑川（1978：59）の大正4年説との異同にも触れているが，詳細は検討の必要があるだろう。
(2) 桑原（2010）は，「大正前期に綴り方教育において構築した自己確立」が，「後期で教師・児童が互いに育ち育てられて向上の一路をたどる『共にながるる』」思想に深まったとし，「共流」が，「教師・児童双方が自己確立への道を歩んでいるという前提」をもつとする。

参考文献
芦田恵之助（1925）『第二　讀み方教授』芦田書店　再録『芦田恵之助国語教育全集7』明治図書．
芦田恵之助（1972）『恵雨自伝上・下』実践社（共に育ちましょう，は下巻）．
Avalos, B. (2011) "Teacher professional development in Teaching and Teacher Education over ten years," *Teaching and Teacher Education,* 27：10-20.
Black, C. (2001) "Improving Group Dynamics and Student Motivation in a Grade 9 Music Class," In Delong, J., *Passion in Professional Practice : Action Research in Grand Erie,* GDSB, 205-213.
Chassels, C. & Melville, W. (2009) "Collaborative, Reflective, and Iterative Japanese Lesson Study in an Initial Teacher Education Program : Benefits and Challenges," *Canadian Journal of Education,* 32 (4)：CSSE：734-763.
Campbell, E. & Delong, J & Griffin, C. and Whitehead, J. (2013) "Action research transcends constraints of poverty in elementary, high school and post-graduate settings," A paper presented at the 2013 AERA Conference in San Francisco, USA, April, 2013.
Connelly. F. M. and Clandinin, D. J. (1990) "Stories of Experience and Narrative Inquiry," *Educational Researcher,* 19 (5)：2-14.
Delong, J. (2004/2013) Action Research Implemented in The Grand Erie District School Board：日本女子大学学術交流研究2003年度当日配布冊子・Lesson Improvement and School Reform through Action Research. 同上2013年度，当日配布冊子．
Elbaz, F. (1991) "Research on teacher's knowledge : the evolution of a discourse," *Journal of Curriculum Studies,* Vol. 23, Issue1：1-19.
早川操（1994）『デューイの探究教育哲学——相互成長をめざす人間形成論再考』名古屋大学出版会．

藤原顕（2010）「教師の実践的知識に関する研究動向——コネリーとクランディニン（Connelly, F. M. and Clandinin, D. J.）の研究を中心に」兵庫県立大学紀要17号：131-145.
藤原顕・荻原伸・松崎正治（2004）「カリキュラム経験による国語科教師の実践的知識変容」全国大学国語教育学会『国語科教育』55：12-19.
垣内松三（1936）『国語教育講話』同志同行社.
黒上晴夫（2010）「カナダまとめ① North Word 小学校 2010.2.23.」報告等.
桑原哲朗（2010）「芦田恵之助の読み方教授における教育者的堪能に関する研究」兵庫教育大学大学院連合教育学研究科『教育実践学論集』(11)：73-82.
Lewis, C. (2002) "Does Lesson Study Have a Future in the United States ?" *Nagoya Journal of Education and Human Development,* nl 2002：1-23.
McNiff, J. & Lomax. P. & Whitehead, J. (1996) *You and Your Action Research Project,* London：Routledge.
松崎俊輔（2013.106）「綴り方教授における『自己』への道——樋口勘次郎の『自発活動』から芦田恵之助の『発動的態度』へ」東京大学大学院教育学研究科基礎教育学研究室研究室紀要第39号：97-107.
三橋功一（2003）「第一章日本の授業研究の系譜図の概観」科学研究費補助金基盤研究（B）「日本における授業研究の方法論の体系化と系譜に関する開発研究」（井上光洋・藤岡完治・松下佳代代表）報告書：7-23.
野地潤家（1961）「近代国語教育史における内省派の伝統」同『国語教育学研究——国語教育を求めて』復刻改訂版, 溪水社, 2004年：166-168.
野地潤家（1962）「『実践の技術学』について——垣内松三先生の『国語教育講話』を中心に」広島大学『国文学攷』28：403-412.
岡崎正和（2006）「一つの教室の継続的観察を通してみたアメリカ第7学年の数学授業の特徴」『上越数学教育研究』21：21-30.
澤本和子（2000）個人の研修日誌より要約して引用（2000年9月18日）
澤本和子（2003a）「世界の教育事情——カナダ・オンタリオ州グランド・エリー地区のアクションリサーチの現状1」日本教育新聞『週間教育新聞』2月24日掲載.
澤本和子（2003b）「世界の教育事情——カナダ・オンタリオ州グランド・エリー地区のアクションリサーチの現状2」日本教育新聞『週間教育新聞』3月3日掲載.
澤本和子（2010）「翻訳と解説——『グランド・エリー地区で実践されたアクション・リサーチ』」日本教師学学会『教師学研究』第8・9合併号：39-50.
澤本和子（2014）「『省察的実践家 reflective practitioner』による『リフレクティブな学習材・教材研究』の考究——省察的実践家のデザイニングにおける『自律性』に着目して」『日本女子大学人間社会学部紀要』24：43-62.
澤本和子ほか（2004）日本女子大学学術交流研究資料「日本とカナダにおける教師の力量形成支援」当日配布冊子.
Schön. D. A. (1983) *The Reflective Practitioner ; How Professionals Think in Action,* New York：Basic Books.（柳沢昌一・三輪健二（訳）(2007)『省察的実践とは何か——プロフェッショナルな行為と思考』鳳書房.

Stigler, J. and Hiebert, J., (1999) *The Teaching Gap : Best Ideas from the World's Teachers for Improving Education in the Classroom*, New York : The Free Press. (湊三郎（訳）(2002)『日本の算数・数学教育に学べ──米国が注目する jugyo kenkyuu』教育出版.)

Whitehead. Jack. (1989) "Creating a Living Educational Theory from Questions of the Kind, 'How Do I Improve my Practice ?'" *Published in The Cambridge Journal of Education*, 19 (1) : 41-52.

Whitehead. J. & Delong. J. (2014) Self-study contributions to a history of S-STEP Paper presented at the AERA Conference.

吉崎静夫他（2012）「カナダ調査報告」科学研究費補助金基盤研究（B）『初等・中等・高等教育における教育方法の改善・開発に関する総合的研究』.

吉崎静夫他（2014）「国際シンポジウム『アクションリサーチによる授業改善と学校改革』」日本女子大学教育学科の会『人間研究』50 : 55-65.

the Canadian Society for the Study of Education の情報取得，2015年5月23日　http://www.csse-scee.ca/conference/

American educational research association の情報取得　2015年5月23日　http://www.aera.net/AboutAERA/tabid/10062/Default.aspx

The World Association of Lesson Studies（WALS）の情報取得　2015年5月23日　http://www.walsnet.org/

第6章

米国における Lesson Study

永田智子

　本章では，Lesson Study の世界的な広がりに影響を与えた米国の取り組みについて取り上げる。まずは学力低下問題から始まった米国での Lesson study の歩みについて述べる。次に，Lesson Study 研究を推進する代表的な研究者グループの取り組みや特徴，日本には見られない高等教育における取り組みについて述べた後，今後米国で Lesson Study を発展させるための課題についてまとめる。

6.1　米国の教育改革と教員研修の概要

　『危機に立つ国家』(1983) 以降の教育改革の進展は，大別して3つの段階に区分される（佐藤 2009）。第1は『危機に立つ国家』以後のトップダウンの教育改革，第2は『備えある国家』(1986) 以降のボトムアップの教育改革，第3は2001年の「NCLB：No Child Left Behind（どの子も置き去りにしない）」法以降の展開である。第3の教育改革は，厳格な教育目標による学力評価によって学校と教師のアカウンタビリティを要請する教育改革である。NCLB法は，子どもの学力向上を目的としているが，そのために同法では，教師の質の向上も目的としている。

　藤本 (2011) によると，米国の多くの州では，まず初任教員に対して3～5年程度の有効期限が設定された初任者免許状を発行する。初任教員は期限内に標準免許状に上進する必要があり，また標準免許状も5年程度の間に州が設定した更新要件を満たすことで免許状を維持することができる。ほとんどの州で，

大学・大学院での単位取得および職能成長活動のどちらか，もしくは両方を行うことを更新要件としている。教師の質を向上させるための補助金を受けた学区においては，職能成長活動として主要な教科の教授法や内容を身に付けさせるための研修プログラムが推進されている。その内容の多くは，スタンダードに沿ったカリキュラム開発やリーディングや数学に関する内容であり，指導法に関する内容もあるとされているが，そこに Lesson Study が組み込まれているかどうかは定かではない。

そもそも，一般的に，米国では教員の給与が安く，離職率も高いため，自発的に研修する意欲のある教師は少なく，教員が自主的に集まって研究する授業研究という文化は米国にはなかった（千々布 2005）。

次節以降では，このような米国においてなぜ Lesson Study が注目を集めたのか始まりまでさかのぼって論じたい。

6.2　Lesson Study のはじまり

6.2.1　初等中等教育における学力低下問題

米国の教育改革は 6.1 で述べたとおり第 3 の段階まできているが，Lesson Study のはじまりは，第 1 の教育改革期にまでさかのぼる。

教育米国では1960年代から1970年代にかけて，教育の多様化を進めた。一方で，英語や数学など教科の学習は軽視されていった。その結果，当時の社会状況とも相まって，1980年代には学力低下が指摘されるようになっていった。連邦教育省長官諮問委員会の報告書『危機に立つ国家』(1983) では，SAT（大学入学試験委員会の進学適性テスト）の平均成績が1963年から1980年までほとんど一貫して下降傾向を示していること，17歳児の約13％が「機能的非識字」と考えられるなど，さまざまなデータから米国の子どもの学力低下の実態を明らかにし，国民に大きな衝撃を与えた。

米国では，教育に関しては州が基本的権限を有し，学区（一般に市町村レベルの規模）が初等中等教育に関する実質的権限を州に代わって行使するということになっている。連邦は教育に関し限定的な権限しかもっていなかったが，

ブッシュ大統領は1989年に全米の州知事による「教育サミット」を開催し，翌年「全国共通教育目標」を発表した。1991年には「全国共通教育目標」の達成戦略として，教育内容や学力などの基準となる「教育スタンダード」の策定を含めた「2000年のアメリカ」を発表した。次のクリントン大統領は1994年に連邦初となる教育改革法「2000年の目標：アメリカ教育法」を制定した。そこには，すべての教員が継続的に職能の向上を図るとともに，次世代を担う児童生徒を指導するのに必要な知識・技能を獲得するための教育・研修機会を得ることなどが盛り込まれた。一連の連邦の取り組みは法的に拘束するものではないが，ほとんどの州で支持され，各州における教育改革の基本方針となった（本間・高橋 2000）。

全米数学教員協議会（NCTM：National Council of Teachers of Mathematics）が1989年に数学の教育スタンダードを作成したのを皮切りに，1990年半ばごろには社会や理科など各教科の教育スタンダードが開発された。この教育スタンダードは日本でいう学習指導要領に近いものである。この教育スタンダードに基づいた教科書が作成され，ワークショップ等が開催されても米国での授業の形態や指導法は変化しなかった。こうした状況において，教育スタンダードの目指す授業の形態や教師の指導方法が日本のものに似ていたこととも重なって，日本の授業研究，Lesson Study に対する関心が徐々に高まったとされている（吉田 2001）。

6.2.2 『ティーチング・ギャップ』の出版

教師の資質向上に力点を置いた教育改革が進められている中で，1990年代後半，米国に Lesson Study が登場した。Lesson Study が急激に広がった理由にはいくつかの要因が関与しているといわれるが（ウルフ・秋田 2008），1999年にアメリカで出版された『ティーチング・ギャップ（*The Teaching Gap*）』（図6-1）の存在は大きい。そこで本節では，主要な要因とされる『ティーチング・ギャップ』について，吉田（2001）の報告をもとに，まとめてみたい。

そもそもの始まりは1991年にスティーブンソン（Stevenson, H. W.）とスティグラー（Stigler, J. W.）が『ラーニング・ギャップ（*The Learning Gap*）』という

第Ⅲ部　北米における Lesson Study

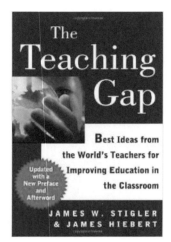

図6-1　『ティーチング・ギャップ』

本を出版したことである。それは，米国，日本，台湾，中国の学校教育と学力について研究報告したものであった。その中に，5年生の算数の学力調査において，米国で最も成績のよかったクラスが，日本の一番成績が悪かったクラスに及ばなかったという報告があり，注目を引いた。

　前項でも述べたように米国の子どもの学力の低さは社会問題となっていた。米国の子どもの学力が他国に比べて低いことを示すものには，国際教育到達度評価学会（IEA：The International Association for the Evaluation of Educational Achievement）による算数・数学および理科の到達度に関する国際的な調査もあった。1964年に第1回国際数学教育調査，1970年に第1回国際理科教育調査，1981年に第2回国際数学教育調査，1983年に第2回国際理科教育調査が行われた。この調査において，米国は下位グループに属する一方で，日本は成績の上位を占めた。

　米国では，国際比較研究への関心が高まっていたと考えられる。特に，算数・数学の授業についての研究で，日本と米国の授業の比較研究が注目を集めた。たとえば，日本の多くの授業が生徒中心の発見型である一方，米国の多くの授業が教師伝達型であること（Stigler, Fernandez, and Yoshida 1996）や，日本

の授業を成り立たせている社会的装置として，学習指導要領，教科書，国立附属学校園，教師の研究グループ，研究授業などがあること（Lewis and Tsuchida 1997）が報告された。

これらの研究が引き継がれ，1995年の第3回国際数学・理科教育調査（TIMSS：Trends in International Mathematics and Science Study）の一部門として，独日米3か国の数学授業のビデオ研究が行われた。このビデオ研究の結果を報告したのが，『ティーチング・ギャップ（*The Teaching Gap*）』（Stigler & Hiebert 1999）である。その本において，日本と米国の数学授業では学習指導の基本形が異なること，その背景として指導と学習に関する文化的な信念に違いがあることを明らかにした。また，米国と日本における授業改善へのアプローチの違いに着目し，日本における校内研修，中でも「授業研究」（本章では「Lesson Study」）が米国の授業改善の手掛かりになりうると提言した。実は米国では日本の授業研究のように教師が集まって授業を計画・実践・観察・反省するという研究・研修はなかった。

そもそも米国ではナショナルカリキュラムがないということもあって，教師は授業改善のためにかける時間の大半をカリキュラム作りに割いている。逆に日本では，学習指導要領があるためにカリキュラム作りはほとんど行われず，他の教師の授業を参観したり互いに議論する Lesson Study に時間を使っている（Lewis 2002）（図6-2）。

『ティーチング・ギャップ』では，「授業研究において教師集団は長期間（数ヵ月から1年）にわたり，定期的に会議を開き一つまたは数個の「研究授業」と呼ばれる授業についてその設計，実践，検討，改善に取り組みます」と説明している。さらに，授業研究のように狭く焦点化されている過程が実際に日本の教育の成功を支える牽引力となっていることが信じられない米国人に対し，「授業研究」には以下のような特性があるとまとめている。

- 授業研究は長期的・持続的改善モデルに基づくこと
- 授業研究は児童・生徒の学習に不断に焦点化されること
- 授業研究は学習指導をその場面の中で直接改善することに焦点化されること

第Ⅲ部　北米における Lesson Study

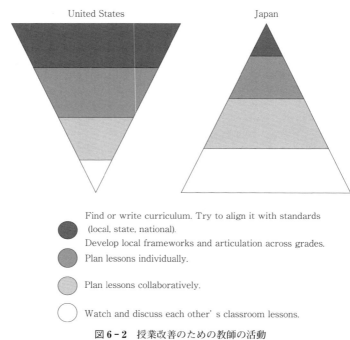

図6-2　授業改善のための教師の活動

出典：Lewis（2002）.

- 授業研究は共同的な取り組みであること
- 授業研究に参加する教師は，それが自己の専門職的能力に対してだけでなく，学習指導に関する知識の開発にも貢献するとみていること。

そして，このような特性をもつ授業研究が学習指導の改善を可能にするとし，授業研究の6つの原則を挙げ，米国式授業研究を提案した。

原則＃1　持続的・漸進的・微小増加的改善であること
原則＃2　児童・生徒の学習目標に常に焦点を当てること
原則＃3　教師にではなく学習指導に焦点を当てること
原則＃4　授業の場において改善すること
原則＃5　改善を教師の仕事とすること

原則＃6　実体験から学びえる仕組みを構築すること

6.2.3　Lesson Study 初期の試み

『ティーチング・ギャップ』は教育図書のベストセラーとなり，1999年の終わりごろから，米国各地で授業研究が試みられるようになった。しかしその頃の授業研究の試みは『ティーチング・ギャップ』に紹介された程度の，十分とはいえない情報だけで出発した頼りないものであった（吉田 2001）。

たとえば『ティーチング・ギャップ』では「授業研究」の典型的な過程として，次の8つの段階があると説明している。

第1次　問題の明確化
第2次　学習指導案の立案
第3次　授業の演じ（事前授業研究）
第4次　授業評価とその効果の反省
第5次　授業の改訂
第6次　改訂版学習指導案による授業の演じ（校内授業研究）
第7次　再度の授業評価と反省
第8次　結果の共有

これは後に佐藤学（2008）が，

> この本に紹介されている日本の授業研究の様式は，広島県の教育行政において定型化された校内研修をモデルにする形式主義のバイアスを含んでいる。しかも，この本を契機とする「レッスンスタディ」の諸外国への普及は，「レッスンスタディをどう実施するか」という形式主義への誘惑によって推進されてきたという，もう一つのバイアスが働いて，その形式主義は強化されている。
> （佐藤 2008：43）

と指摘するように，形式的な模倣に過ぎないものが多かった。

またルイス（2008）も，

> アメリカの教育関係者は，レッスンスタディを最初は授業案を改善する

ことによって，授業を自動的に改善するような特効薬，秘伝のレシピのようなものとしてみなしていた。

と，最初の頃は十分に理解されていなかったことを指摘している。また，フェルナンデスと吉田（Fernandez and Yoshida 2004, By 秋田 2009）は，

> 授業を見る目を持った人物と授業研究を通して協議をもつことによって始めて授業を見る目が育つのであって，授業を見る目がない者同士の集まりにレッスンスタディを入れた時に当初限界があった。

と指摘している。

6.3 Lesson Study 研究の発展

6.3.1 大学研究者による Lesson Study 研究グループ

日本において授業研究は，明治以来，自律的な教師たちの文化として持続されており，研究者はそれを支援する役割として関与するという関係性が一般的である（ウルフ・秋田 2008）。一方，米国では，大学研究者が Lesson Study を導入し，そこから多くの実践者が取り組むようになった（吉田 2001）。

米国での授業研究の歴史的経緯や授業研究者らの交流を分析した的場（2007）によると，大学の研究者を中心とする研究集団は5グループあるとしている。

① コロンビア大学のフェルナンデスを指導者とするレッスンスタディ研究グループ（Lesson Study Research Group）
② ルイスを指導者とするミルズカレッジ・レッスンスタディグループ（Lesson Study Group at Mills College）
③ スティグラーが設立したレッスンラボ（LessonLab）
④ デュポール大学の高橋昭彦（A. Takahashi）をリーダーとするシカゴ・レッスンスタディグループ（Chicago Lesson Study Group）
⑤ ウィリアム・パターソン大学の吉田誠（M. Yoshida）を会長とするグ

第 6 章　米国における Lesson Study

図 6-3　シカゴ・レッスンスタディグループの Web サイト

ローバル教育リソース（GER:Global Educational Resources）

　①と②のグループについては次項で詳しく述べるためここでは割愛する。
　③のレッスンラボ（LessonLab）は1998年に設立し，教師が長期に渡って自分自身の学習指導を改善するために，ビデオ記録などデータベースを集約することを提案した（的場 2005）。教師の専門的知識の向上のための質の高い研修プログラムとその条件を創り出すアーカイブの構築に関心を有しているところに特徴がある（的場 2007）。ただし，レッスンラボの Web サイト（http://www.k12pearson.com/teach_learn_cycle/LessonLab/lssnlb.html）は存在するが，2005年には見られた Lesson Study に関する記述は2015年現在見当たらなくなっている。
　④のシカゴ・レッスンスタディグループは2002年にデュポール大学の高橋により開始された。Web サイト（http://www.lessonstudygroup.net/index.php）（図6-3）によると，Lesson Study は，教師の授業実践を改善するだけでなく，教師同士の協働を改善するものとして紹介され，Lesson Study のサイクルと

第Ⅲ部　北米における Lesson Study

図 6-4　グローバル教育サービスの Web サイト

しては，後述するルイス（2002）の 4 ステップを引用している。そのほか，Lesson Study に関する論文や指導案の PDF をダウンロードできたり，Lesson Study を説明する動画などを提供したりしている。そして現在も公開授業研究会や研修会等を定期的に開催していることがうかがえる。

⑤のグローバル教育リソース（GER）は，小中学校の算数・数学の教授学習を改善するために，教師や学校，学区に，教材，ワークショップやコンサルティングサービスを提供することをねらいとしている。そのための具体として，Web サイト（http://www.globaledresources.com/）（図 6-4）において，

1. 教育コミュニティに Lesson Study を紹介すること
2. 日本の小学校 1～6 年生が使っている教科書を英語に翻訳すること
3. ワークショップやコンサルティングサービスを提供すること。
4. Lesson Study の公開授業や研究会を講演すること

を行っている。

第 6 章　米国における Lesson Study

的場（2007）が分析した当時大学の研究者を中心とする研究グループは 5 つあったが，フェルナンデス率いるレッスンスタディグループの Web サイトは 2004 年ごろに更新が止まっており，レッスンラボの Web サイトも Lesson Study に関する記述が見られなくなっていることから，Lesson Study のブームは 2000 年半ばにピークを迎え，10 年たった現在沈静化しつつあるといえよう。

6.3.2　フェルナンデスグループ

フェルナンデスは，1990 年代より Lesson Study の研究に取り組み，スティグラーとともに日本とアメリカの比較研究としてビデオ研究をしたり，UCLA Lab School で Lesson Study 研究グループ（LSRG：Lesson Study Research Group）を作ったりしている。

LSRG は全米科学財団の助成を受け，次のような活動を行った。

- 日本ではどのように Lesson Study が行われているのかの情報を共有すること
- Lesson Study を米国の教育文脈にどのように適応させることができるか探究すること，
- 米国での Lesson Study 実践を支援するツールや教材を開発すること，
- 教師や子ども，学校，米国の教育システムに与える Lesson Study の影響に関する情報を収集すること

さらに，LSRG は，Lesson Study に関心がある米国の教育関係者に対し，情報，資源，ネットワークの機会を提供する目的で，Web サイト（http://www.tc.columbia.edu/lessonstudy/）（図 6-5）を作成した。

Web サイトには「Lesson Study とは何か」が書かれている。

> Lesson Study は，より効果的な授業をめざして日本の教師が体系的に自らの実践を検討する専門性開発の過程である。この検討は，少数の授業を対象に協働して研究する教師に焦点があてられている。これらの研究授業は，授業の設計，実践，観察，批評を含んでいる。これらの活動に焦点化や方向性をあたえるために，教師は自分が探究したいと思っている重要

第Ⅲ部　北米における Lesson Study

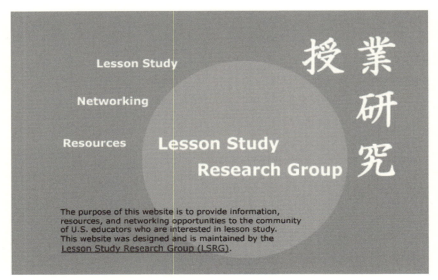

図6-5　レッスンスタディ研究グループの Web サイト

な目標とそれに関連する研究課題を選ぶ．この研究課題は，Lesson Study に係るすべての活動に指針を与える．

　Lesson Study においては，教師グループの一人が実際の授業で授業を展開する（なお，他のグループメンバーはその授業を観察する）ときに用いる『詳細な授業案』をメンバーみんなで作成する．それから，グループメンバーは観察した授業について議論するために集まる．しばしば，そのグループメンバーはその授業を修正して，他のメンバーが次の教室で実践する．その時，残りのメンバーはその新たな授業を観察する．さらに，グループメンバーは観察した授業について議論するために再び集まる．最後に，その教師たちは，この研究授業から学んだこと，とりわけ彼らの研究課題について学んだことをレポートにまとめる．　　　　　（吉崎 2012）

　フェルナンデスと吉田（Fernandez and Yoshida 2004）は，米国の教師向けに出版した *Lesson study : A Japanese approach to improving mathematics teaching and learning* という本で，日本における基本的な Lesson Study のプロ

セスとして次の6つのステップを提示した。
　　ステップ1：研究授業の協同立案
　　ステップ2：実際の研究授業を参観
　　ステップ3：研究授業についての協議
　　ステップ4：授業改善（オプション）
　　ステップ5：新バージョンの授業案の実施（オプション）
　　ステップ6：新バージョンの授業についてのふり返りの共有

　また，広島の小学校の授業研究の様子を紹介し，日本の教師が授業研究から得ている点として，
- 教授学的な知識と技能を得られること
- 日常の日知の授業の中で働く原理を考えていくことによって良い授業実践を成立させるのは何かを継続的に考えていくことができるようになること
- 生徒の学習や授業の目標として意味ある高い目標を設定できるようになること
- 教えることへの一般的な態度として計画やよい授業のあり方についてよりよく理解できるようになること
- 自分の実践をリアルで地に足の着いた見方ができるようになること
- 専門家としてのビジョンを共有できる点

などを指摘している（秋田 2009）。
　まとめると，フェルナンデスグループの特徴は，日本における授業研究を中心とした校内研修の具体的な方法を米国の学校へ導入するための具体的なアイディアを明らかにしているところ（的場 2005），協働的な教師の実践的力量形成に関心を有しているところ（的場 2007），共通のよいイメージを学校全体が持ち作り上げていく過程として授業研究を捉えている（秋田 2009）点にある。

第Ⅲ部　北米における Lesson Study

図 6-6　ミルズ大学レッスンスタディグループの Web サイト

6.3.3　ルイスグループ

　ルイスが中心となるミルズ大学にもレッスンスタディグループがあり，1999年以来，学校，学区・教員養成を含む米国の教育界で行われている Lesson Study を精力的に研究してきた（吉崎 2012）。このレッスンスタディグループも Web サイト（http://www.lessonresearch.net/）（図 6-6）を作成している。Lesson Study を始めることを決めた教師に対して，どのような書籍，あるいはDVDを見たらよいかといった情報提供がなされている。

　この Web サイトでも「Lesson Study とは何か」ということが書かれている（http://www.lessonresearch.net/index.html）。

　　　日本において，教師は Lesson Study を通して自らの実践を改善している。そのために，教師は授業を協働で設計し，観察・分析し，改善する。これは研究授業とよばれている。そして，Lesson Study は，日本での初等算数・理科の授業の着実な改善を通して，広く信頼されるようになった。そして，1999年以来，Lesson Study は全米各地で急速に行われるようになってきた。なお，Lesson Study において，教師は次の4つの事柄に留

第 6 章　米国における Lesson Study

意すべきである。それらは①学ぶことが好きになるとか，他者に敬意を払うようになるといった長期的な教育目標を考えること，②なぜ理科が教えられるのか，「てこ」の学習では何が大切なのか，「てこ」の導入をどのようにしたらよいか，といった特定の教材，単元，本時の目標を注意深く考えること，③特定の教材に関する目標と，生徒にとっての長期的な目標の両方を活気づかせるような「研究授業」を計画すること，④これらの授業に対して生徒がどのように反応するのか（生徒の学習や意欲，そして生徒同士のかかわりなどを含む）を，注意深く研究すること，である。

(吉崎 2012)

　ルイス (2002) は，教師主導の教授改善サイクルである Lesson Study の中心が研究授業である，とし，Lesson Study において，教師らが協働するのは，つぎのような目的があるからだとしている。
- 子どもの学びと長期的な発達に対する目標を設定する
- 上記目標をもたらすため協同的に「研究授業」を計画する
- 授業を実践する。メンバーの一人が授業をし，他のメンバーは子どもの学習と成長についての証拠を集める
- 授業中に集めた証拠について議論する。授業や単元，教授一般をよりよくするためにそれは活用される
- ほかのクラスで改善した授業を行う，必要に応じて，研究と改善が行われる

　ルイスは教師向けの Lesson Study の本を 2 度出版している。2002年出版の *Lesson study : a handbook of teacher-led instructional change* でも，2011年出版の *Lesson study step by step : how teacher learning communities improve instruction* でも，Lesson Study のサイクルを 4 つのステップで紹介している。しかし2002年版（図 6-7）では，研究授業前のステップが 1 つ（目標の設定と計画）で研究授業後のステップが 2 つ（授業についての協議，学習の強化）になっているのに対し，2011年版（図 6-8）では，研究授業前のステップが 2 つ

第Ⅲ部　北米における Lesson Study

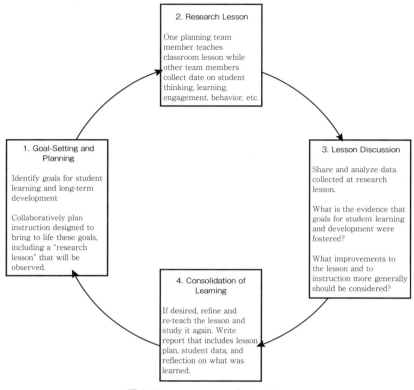

図6-7　レッスンスタディサイクル

出典：Lewis (2002).

(教材研究と目標設定，計画)で研究授業後のステップが1つ(反省)となっている。研究授業前と後の重点の置き方に変化が見られる。

　ルイスグループの授業研究に対する特徴は，すべての子どもを重視する視点が加わっていることである(鹿毛 2004；的場 2005, 2007)。また，教師が専門家としての見識とアイデンティティを作り成長していくという，長いスパンで授業研究の意義を考えており，授業の難しさと共に教師が成長し学んでいく過程として授業研究を捉えている(秋田 2009)。

　また，日本の教師に比べ協働的な文化の少ない米国教師の協働的な文化構築支援のために，Lesson Study の活動のはじめに「授業の過程を丁寧に見てい

第6章 米国における Lesson Study

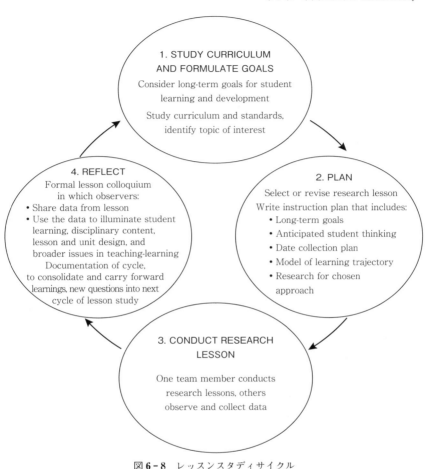

図6-8 レッスンスタディサイクル

出典：Lewis and Hurd (2011).

く」などの規範を設け，授業検討の最後の5分で「授業の過程からはずれないで議論できていたか」という自分たちの規範について議論するなどの工夫をして協働の文化をより効果的なものになるよう創造する姿が見られることをルイス（2008）は報告している。

第Ⅲ部 北米における Lesson Study

図 6-9 レッスンスタディ・プロジェクトの Web サイト

6.3.4 高等教育における Lesson Study

日本において授業研究は，小中学校では盛んにおこなわれているが，高校や大学ではあまり行われていない．しかし，米国では高校や大学においても Lesson Study が行われ始めている（ルイス 2008）．

ウィスコンシン大学-ラクロス校にはレッスンスタディ・プロジェクト（http://www.uwlax.edu/sotl/lsp/index.htm）（図 6-9）がある．2003年以降，450人以上が参加したという．

6.4 今後の課題

ルイス（Lewis 2008）は米国における Lesson Study を発展させるための課題をいくつか挙げている．これらを簡単にまとめてみる．

一つ目は，日本とは異なる経験を持つ米国において，何がよい Lesson Study なのか，米国における Lesson Study に必須の特徴は何かを議論することである。

　二つ目は，Lesson Study の質を判断するために，Lesson Study の理論モデル，Lesson Study はいかに機能するのかについての考えをもつことである。単に指導案を改善させるだけのものではないことを米国の教育関係者らに示していく必要がある。

　三つ目は，米国に Lesson Study を広めるための政策や克服すべき研究課題があることである。米国で主流とされる研究イメージと Lesson Study は異なるため，Lesson Study の効果を示すような研究業績を築くことが必要である。また自分の授業を同僚教師と共有することに慣れていない米国教師たちに，自分の授業を他者に公開しても大丈夫であり，公開することの有効性を感じさせる方策を考えることが大切である。そして，共通のカリキュラムやよい教材が豊富にある日本と違う米国では政策面でも取り組む必要がなる。さらに，米国の教師が Lesson Study から学んでいることを記録し，日本から取り入れた Lesson Study とアメリカオリジナルの Lesson Study での成果を切り分けることも必要になるだろう。

参考文献

秋田喜代美（2009）「教師教育から教師の学習過程研究への転回——ミクロ教育実践研究への変貌」『変貌する教育学』世織書房，45-75.

千々布敏弥（2005）『日本の教師再生戦略』教育出版.

Fernandez, C. (2002) "Learning from Japanese approaches to professional development: The case of lesson study," *Journal of Teacher Education,* 53 (5): 393-405.

Fernandez, C., and Yoshida, M. (2004) *Lesson study: A Japanese approach to improving mathematics teaching and learning,* Routledge.

藤本俊（2011）「現代米国ウィスコンシン州における教員研修制度の特徴と課題——NCLB 法制以後の動向を中心に」『東亜大学紀要』14：1-16.

本間政雄・高橋誠（2000）『諸外国の教育改革——世界の教育潮流を読む:主要6か国の最新動向』ぎょうせい.

鹿毛雅治（2004）「「レッスンスタディ」と「授業研究」——そのギャップをめぐる文化的背景」『東京大学大学院教育学研究科附属学校臨床総合教育研究センター年報』(6)：7-10.

Lewis, C., and Tsuchida, I. (1997) "Planned educational change in Japan : The shift to student-centered elementary science," *Journal of Educational Policy*, 12 (5), 313-331.

Lewis, C. (2002) *Lesson Study : A Handbook of Teacher-led Instructional Change, Research for Better Schools, Inc.*

Lewis, C., and Hurd, J. (2011) *Lesson Study Step by Step : How Teacher Learning Communities Improve Instruction*, Heinemann.

キャサリン・ルイス（2008）「授業研究――アメリカ合衆国における発展と挑戦」『授業の研究　教師の学習　レッスンスタディへのいざない』明石書店，12-23.

的場正美（2005）「世界における授業研究の動向」『教育方法34　現代の教育課程改革と授業論の探究』図書文化，135-145.

的場正美（2007）「世界における日本の授業研究への関心と評価」『世界における日本の授業研究の意義と課題を問う』日本教育方法学会第11回研究集会報告書：4-15.

佐藤学（2008）「日本の授業研究の歴史的重層性について」『授業の研究　教師の学習　レッスンスタディへのいざない』明石書店，43-46.

佐藤学（2009）「多様性のあるグローバリゼーション」『未来への学力と日本の教育10　揺れる世界の学力マップ』明石書店，190-201.

Stigler, J. W., Fernandez, C., and Yoshida, M. (1996) "Culture of mathematics instruction in Japanese and American elementary classrooms," In T. P. Pohlen and G. K. Letendre (Eds.) *Teaching and Learning in Japan*, Cambridge University Press, 213-247.

Stigler, J. W., and Hiebert, J. (1999) *The Teaching gap : Best Ideas from the World's Teachers for Improving Education in the Classroom*, The Free Press（スティグラー・ヒーバート（著），湊三郎（訳）（2002）『日本の算数・数学教育に学べ　米国が注目する jugyou kenkyuu』教育出版．）

吉田誠（2001）「アメリカ教育界における授業研究への関心・期待と日本の教師への意味」『日本数学教育学会誌』83（4）：24-34.

吉崎静夫（2012）「世界における授業研究の普及と展望」『教育工学選書　授業研究と教育工学』ミネルヴァ書房.

ジーン・ウルフ，秋田喜代美（2008）「レッスンスタディの国際動向と授業研究への問い――日本・アメリカ・韓国におけるレッスンスタディの比較研究」『授業の研究　教師の学習　レッスンスタディへのいざない』明石書店．

第Ⅳ部
アジア・オセアニアにおける Lesson Study

第 7 章

中国における Lesson Study

木原俊行

7.1 中国の教育事情

7.1.1 中国の学校教育システム：日本との違いを中心に

　中国では，中央政府（国務院）内の教育部が，全国の教育行政を一元的に管理している(1)。そして，その監督のもとに，省レベル，地区レベル，県レベル，郷・鎮レベルの教育行政組織が設けられている。本章が扱う初等中等教育機関に関して，その設置・管理を担当し，教育費を負担し，校長および教員を任用し，給与を負担するのは，県レベルの教育委員会・教育庁である。それに対して，たとえば地区レベルの教育委員会・教育庁は，地区内の教育計画，法規，諸基準の制定，初等中等教育における学校運営者の管理，教員配置と公財政支出の調整等を行う（新井 2013：250-251）。

　中国の義務教育では，日本と同じく6・3制が採用されている（一部は，5・4制）。後者は，初級中学と呼ばれる。後期中等教育は，高級中学，中等専門学校，職業中学等から成る。

　学校の教育課程については，2011年度版の課程基準では，小学校の課程は，「品徳と生活」（1，2年）ないしは「品徳と社会」（3～6年）「科学」「語文」「数学」「体育」「外語」「芸術」「総合実践活動」（3年～6年），そして地方や学校が開発した課程から成る（金 2014）。中学校の場合は，「品徳と生活（社会）」が「思想と品徳」に，「体育」が「体育と健康」に変わる。また，「歴史と社会」が加わる。

　教科課程ではないが，特筆すべきものとして，中間休みの体操を紹介しておきたい。小中高等学校のいずれにおいても，2時間目と3時間目の間に，すべ

第 7 章　中国における Lesson Study

写真 7-1　中間休みの体操の様子（哈爾浜師範大学附属高等学校）

写真 7-2　哈爾浜市内の小学校の授業における ICT 活用

ての子どもと教職員が校庭に出て，ラジオ体操やカンフー等に取り組む（写真7-1）。音楽に合わせて1000人，2000人が手足の動きを揃えている，集団で演技をしている姿は，見るものを圧倒する。

　都市部では教科担任制が一般的である。それは教科指導の充実を図るためであると聞いた。筆者は，2011年3月に，黒竜江省の哈爾浜市内のある小学校で，第5学年の子どもたちが英語を学ぶ様子を見学したことがあるが，40分の授業の間，教科担任の教師も子どもも，一言も中国語を発しなかった。また，当該授業の指導方法は道をたずねるものであったが，指導者は，ICT 活用によって，街の地図や実際の写真等を子どもに提示して，コミュニケーションのためのリアルな状況を演出していた（写真7-2）。さらに，彼女は，読む・書く・話す・聞く能力を高めるために，多様な形態の学習活動を授業に導入していた

第Ⅳ部　アジア・オセアニアにおける Lesson Study

写真7-3　哈爾浜市内の小学校の授業における多様な活動

（写真7-3）。なお，この小学校では，いわゆる学級担任は，国語と算数，そして道徳の指導を担当すると聞いた。

　1クラスの児童・生徒数は，日本に比べて多い。金（2014）にも記されているが，教育行政機関は「40〜45人が望ましい」と示唆しているが，筆者が授業を見学した教室のいくつかは，50人を超える生徒が教室に存在した。そのため，黒板に正対する向きに，隣と接する形で机がずらりと並べられているのが，（最もたくさんの数の子どもを収容できるので），中国の教室の一般的な風景である。

7.1.2　中国の教育改革の動向

　1990年代以降，中国では，受験教育の弊害を克服すべく，「生徒の素質を全面的に高める」ことや「社会の実践的な要請を受けて，子どもたちの個性や知性を育てること」を目指した「素質教育」が展開されている。肖・上野(2)（2014）は，素質教育改革のねらいを6つに整理して示している。以下は，その要点を筆者なりにまとめたものである。

- 知識の伝達を過度に偏重する傾向を変える。
- 9年間一貫したカリキュラムを設定し，総合的科目を設けることによって，カリキュラム構成のバランスをとり，総合性と選択性を重視する。
- 教育内容を子どもの生活，現代社会および科学技術の発展に関連づけて，子どもの関心と経験に注目し，生涯学習に必要とされる基礎・基本的な

知識と技能を精選する。
- 児童生徒の主体的な参加や楽しく探究する実践を重視し，情報の収集・処理能力，新しい知識を獲得する能力，問題解決能力，交流，協力能力を育成する。
- 教育評価については，選別と選抜の機能を強調することを改め，児童生徒の発達を促進する機能を重視する。
- カリキュラム管理は，中央集権的なものから国家，地方，学校の分権的管理を行う形態へと変える。

　前項で紹介した哈爾浜市内の小学校における子どもたちの主体的な学びは，こうした教育改革に位置づくものとして解釈できよう。
　中国の教育改革には，もう一つ，特徴的なことを確認できる。それは，伝統文化の尊重である。金（2014）によれば，それは，新「課程標準」において，「①伝統文化教育教材が編纂され，『弟子規』『三字経』『千字文』『論語』『孟子』などの経典をすべての学年に配分して教えるようになったこと，②小中学校で計135篇の古典詩文の暗誦が定められたこと，③「書法」（書道）が伝統文化として教育課程に組み込まれたこと」（p. 94）に体現される。
　筆者も，中国の学校を訪問し，廊下や教室に，伝統文化に関わる掲示物の存在をしばしば確認している。また，国語や道徳の授業で，伝統的な作品や歴史上の偉人が教材として用いられている授業を見学することが少なくなかった（写真7-4）。
　この伝統文化の尊重もそうであるが，先述した素質教育の導入と展開，そこに確認できる高次な能力の育成の重視，あるいはカリキュラムの計画と運用における学校・地方裁量の増加など，現在，教育改革の基本的な方向性に関して，日本と中国には共通点がかなりの程度存在するといえよう。

7.1.3　教員養成カリキュラムとその改革

　中国の教員養成のシステムについても，若干言及しておきたい。筆者は，2013年3月に北京の首都師範大学を訪問し，小学校教員養成のカリキュラムに

第Ⅳ部　アジア・オセアニアにおける Lesson Study

写真7-4　哈爾浜市内の学校の掲示や授業に見られる伝統文化の尊重

関する情報を入手した。それによれば，国語専修の場合は，4年間で196単位を修めることが学生に課せられている。

　196単位のうち，一般教養的なものが4分の1（57単位）を占める。その中には，「毛沢東の思想と中国独特の社会主義理論の概説」といった，日本の大学教育には見あたらない科目の履修が含まれる。専門課程として，専門基礎課程，専門核心課程，そして専門方向課程という3つの課程が設けられている。専門核心課程のいくつかの科目に注目すべきものがある。この課程には，教育心理学，カリキュラムのデザインと評価，学級経営に関する科目に加えて，「小学教育研究方法」（Research Methods in Elementary Education）や「小学校教師の専門的成長」（Professional Development of Elementary School Teachers）といった，教師の実践的研究，それを通じた力量形成を扱う科目が含まれていることだ。

　ところで，「実践教学」という教育実習を含む各種の実習の単位が32単位（16.33％）にのぼっていることも見逃せまい。そのレパートリーは，広い。たとえば，大学入学後すぐに，学生は，「軍事訓練」に従事する。[3] 教育実習は，3種類のものが必修科目として用意されている。第2年次の「教育実習」（Fieldwork，2単位）に加えて，第3年次には「郊外教育実習」（Professional Practicum in Rural Schools，4単位），そして第4年次には「都市教育実習」（Professional Practicum in Urban Schools，6単位）が設定されており，我が国の教員養成における教育実習に比べて，首都師範大学のものは多様化されており，

第7章 中国における Lesson Study

写真7-5　哈爾浜師範大学のエリート教員志望学生の研究授業

また段階的であるといえよう。

　さて，筆者は，2014年9月に，哈爾浜師範大学を訪問し，教育実習に関する新たな試みを観察する機会を得た。それは，選抜された，エリート教員志望学生たちの長期にわたる実習である。哈爾浜師範大学では，実習までのセメスターで好成績を獲得した学生たちは，哈爾浜師範大学附属高等学校において（つまり優秀な高校生を相手にして），他の学生たちに比べて長い期間にわたって教育実習を展開することができるという。

　筆者は，同高等学校で催された，エリート教員志望学生による研究授業とそれに関する協議会に参加する機会に恵まれた。写真7-5は，その授業とそれを点検する指導教員の様子である。研究授業は，高等学校第1学年の社会科「消費生活」に関するものであった。60人弱の生徒に対して，当該学生は，模擬授業をキャンパスで繰り返したというだけあって，実に落ち着いた様子で授業を進行していた。スマートフォンの利用を教材化したり，リサイクルに関する板書の構造を工夫したり，節約の意義に関して生徒間の話し合いを促したりして，授業を工夫して進めていた。しかしながら，指導教員は，研究授業後の協議において，授業における実習生の落ち着いた様子を認めながらも，「せっかく日本からお客さんがいらっしゃっているのだから，私だったら，日本のリサイクル事情についてたずねて，生徒にさらに深く考えさせたでしょう」という当該研究授業の代替案を示して，授業における即時的意思決定の重要性を説いていた。

こうした長期実習に備えるための時間やエネルギーは甚大であるとエリート教員志望学生たちは筆者に語った。しかし，同時に，同高校の指導力に長けた教員に長期間指導してもらえることで，教師としての力量が高まる，それは光栄なことであるとも，彼らは述べていた。

なお，こうした教員養成の高度化とともに，教育部は，教員の資質向上を目指して教員資格試験の改革と教員資格の更新制の導入を行っている（新井2014）。[4]

7.2 北京市の小学校における Lesson Study

筆者は，2011年と2013年に，北京市を訪問し，首都師範大学のスタッフのアレンジを通じて，2つの小学校を訪問し，そこで授業研究ないしはそれに準ずる営みを見学することができた。その模様をここで紹介する。

7.2.1 T小学校における授業研究
① 学校の概要

2011年4月に，筆者は，首都師範大学のスタッフとともに，順義区のT小学校を訪問した。T小学校は，2004年度に，近隣の3つの小学校が統合されて発足した，新しい学校である。それは，子どもの学力に差があるという問題を解決するための教育委員会の措置であると聞いた。校舎は新しく，廊下も教室もよく磨かれていた（写真7-6）。

写真7-6　T小学校の校舎

② 研究授業

第3学年の数学の授業を筆者，T小学校の教師たち，教育委員会スタッフ，そして「専門家」が見学した。見学者がいるので，普通教室では手狭になることが危惧されたのか，授業は視聴覚教室のような部屋で実施された。当該

第 7 章　中国における Lesson Study

写真 7-7　研究授業の導入場面

写真 7-8　家庭学習の成果の交流

研究授業の内容は，分数の大小に関するものであった。まず，導入において，指導者は，分数の概念を復習していた。ある子どもを黒板のところに呼び寄せ，彼に，2分の1，4分の1などを図で表現させていた（写真 7-7）。残る子どもたちは，それを折り目正しく聞いていた。その後，

写真 7-9　練習問題を解く子ども

子どもたちは，隣同士で，家庭学習の成果を交流した。すなわち，彼らは，自らが紙を折って作成した，いくつかの紙の4分の1の大きさを紹介し合っていた（写真 7-8）。

　その後，指導者は，いくつかの図形を利用して3分の1，4分の1，6分の1，10分の2（5分の1）の大きさを表現する練習問題に取り組むよう，子どもたちに指示した（写真 7-9）。その際には，プロジェクターが用いられて，当該図形が拡大提示されていたし，子どもたちには，同じ内容・デザインのプリントが配布されていた。

　授業の終末では，指導者は，32分の5という数字を取り上げて，分母，分子，分子線という知識を子どもたちに確認するとともに，プロジェクターにイラストを投影して，本時のまとめを行っていた。

　授業全体を通じて，指導者は，子どもたちの算数の学力を高めるために，授

第IV部　アジア・オセアニアにおける Lesson Study

写真7-10　同僚がコメントを呈する様子　　写真7-11　専門家がコメントを呈する様子

業のデザインをよく練っていた（たとえば，多様な学習活動が40分の授業に組み入れられていた）し，また，彼女は，それを明るいムードで展開していたと思う。子どもたちは，中国の多くの教室で見られる光景ではあるが，真摯な姿勢で学習活動に従事していたし，指導者の問いかけに積極的に応じていた。

③ 研究授業に関する協議

　研究授業に関する協議は，授業が行われたスペースで，授業終了後しばらくしてから実施された。それは，1）指導者の自己評価，2）同僚からの批評，3）専門家の助言で構成された。

　まず指導者は，子どもたちに分数のイメージをもたせるために，導入で果物を教材化した点にふれた。また，2分の1の概念を理解させた後，他の分数にそれを広げていこうとしていたこと，そのための道具を工夫したことなどに言及した。

　授業を見学していた同僚は，たとえば，学習課題が子どもたちの発達にマッチしていた，練習の方法が工夫されていた等の肯定的なコメントを呈しつつ，指導者の説明に「科学的」でない部分があったこと，子どもの発言の解釈が間違っていたことなどを問題視していた（写真7-10）。副校長も当該研究授業を批評したが，その内容は，1）素質教育では「子どもたちの主体的な探究が大切である」と言われているが，それを指導者は具体化してくれた。その姿勢を他の教師も見習うべきだ，2）ある子どもが授業中に間違いを犯していたが，

それを取り上げてクラス全体で追究していくべきだった，というものであった。
　専門家，すなわち，退職した経験豊富な教師が，最後にかなりの時間をとって研究授業に対する評価コメントを示した（写真7-11）。その内容は，多岐にわたっているが，主なものは，次のとおりである。

- 導入では，分数の必然性を子どもたちが把握する必要がある。そのための題材は，教科書にも載っている。指導者が取り入れたものよりも，そちらの方がよかったかもしれない。
- 既習事項とのつながりを子どもに意識させられていない，分数の意味が面積の問題に矮小化されてはいけない。
- 数直線なども利用した方がよい。
- 大切な用語は，（指導者は子どもたちにその名称を考えさせていたが）きちんと教えてやるべきだ。

　このように，専門家からは，授業に関して，総じて，厳しい評価が下された。しかしながら，指導者も，その同僚も，それに対して異論を呈することはなく，皆，神妙な面持ちで，それを受けとめていた。
　1時間ほどの協議のなかで，その論点が定められることはなく，指導者，同僚，専門家がそれぞれの立場から自由に発言していた。誰かが論点を整理することもなければ，他の授業に議論が発展することもなかった。つまり，当該研究授業の可能性と課題を時間と空間を広げて立体的に語り合うという性格を協議が有していないように，筆者には感じられた。

7.2.2　Y小学校における授業研究
① 学校の概要

　2013年3月に，筆者は，再度首都師範大学のスタッフに伴われて，順義区のY小学校を訪問した（写真7-12）。この学校は，いわゆる「重点学校」であり，地域の教育改革のモデル校的な役割を担っている。1,600人の児童を擁する。それゆえ，学区の教学研究室のメンバー（各学校の教務主任等）が学校を訪問し，授業やカリキュラムに関して第三者評価を行う機会が設定される。筆者ら

第Ⅳ部　アジア・オセアニアにおける Lesson Study

写真 7 - 12　Y 小学校の外観

が訪問した日も，それに該当するケースであった。

② 研究授業

　Y 小学校では，第 2 学年の国語と第 3 学年の数学の授業を見学した。

　第 2 学年の国語は，植物の受精を題材とする説明的な文章の読解に関するものであった。当該文章を子どもに音読させた後，指導者は，電子黒板を利用して，デジタル教科書のコンテンツを拡大提示した（写真 7 -13）。その後，文章とイラストに即して受精のタイプを整理するよう，指導者は子どもたちに働きかけた。子どもは挙手をして，自身の読解結果を発表するが，指導者は，それらを吸い上げて，板書にまとめていった。子どもたちは，終始，指導者の説明に熱心に耳を傾け，学習に集中していた。

　当該研究授業を学校内外の教師たちが見学していたが，いずれも，子どもの椅子の間に椅子を置き，それに座っていた（写真 7 -14）。当然，視界は限られるが，それにもかかわらず，授業に関する気づきをノートに記していた。後述するように，中国では，教師たちは，しばしば，他者の授業を見学する機会をもつ。そのため，各学校や各地区が授業観察記録用の冊子を準備している。当該研究授業においても，参観者は，それに気づきを密に記入していた。

　次の時間に，第 3 学年の数学の研究授業が営まれた。その内容は，面積の単位に関するものであった。指導案に記された学習目標は，面積の単位に cm^2，dm^2，m^2 があること，その概念を理解し，正しくそれを適用できることである。指導者は，電子黒板を用いて，上記の単位に関する定義を確認した後，算数的な活動を導入した。すなわち，$1m^2$ の枠を作成して，それに子どもを入らせて，その広さを実感させた（写真 7 -15左）。

　次いで，指導者は，電子黒板に自作コンテンツ（たとえば教室の面積は cm^2，dm^2，m^2 のどの単位で表されるかといった問題）を提示して，子どもに，単

第 7 章　中国における Lesson Study

写真 7 - 13　Y小学校の研究授業（第 2 学年国語）

写真 7 - 14　Y小学校の研究授業を観察する教師たちの様子

写真 7 - 15　Y小学校の研究授業（第 3 学年数学）

位面積の生活空間への適用も促した。それらの問題は、子どもたちが個々タブレット型端末で解答し、その結果を指導者が電子黒板上に提示して、クラス全体で子どもたちが問題解決を図っていた。

さらに、4 cm² の大きさを方眼紙で作成し、それを発表する時間が設定された。彼らは、方眼紙の4つのセルに色を塗って作成した4 cm² の大きさをタブレット型端末で撮影し、指導者に送信した（写真7-15右）。指導者は、それらをモニターして、いくつかのタイプの4 cm² をピックアップして、電子黒板上に示し、その多様性を確認していた。

いずれの授業も、いわゆるICT活用が子どもたちの思考を促していた。とりわけ、算数の授業では、それが算数的な活動と関連づけられて導入され、彼らの思考・判断・表現の充実に役立っていた。我が国の小中学校で、その充実が期待されている活用型授業においても重視されている、教材の開発や体験的な学習の導入と同様のコンセプトが当該研究のデザインに採用されているように思われた（木原 2011）。

③ 研究授業に関する協議

2つの研究授業終了後、会議室で、協議会が催された（写真7-16）。学校内外の教師が12人参加した。冒頭の学校長の挨拶の後、教学研究室のリーダーが、協議を通じて、Y小学校の教師たちが「研究授業にどう取り組んでいくか」を明らかにしたいと述べた。

写真7-16 研究授業の協議の様子

次いで，2人の指導者が，自らの授業に対する自己評価を述べた。第2学年の国語の授業を公開した教師は，「読み書きのうち，書く時間が足りなかった」と自らの授業の問題点を語った。第3学年の数学の授業を公開した教師は，「面積のイメージを把握させることができた」「面積の概念理解は不十分であった」「面積をいろいろな形で子どもが表すことは想定してなかったが，それが登場したので，子どもをほめた」等，自らの授業の特長と課題を授業の進行に即して整理して述べた。

　その後，他校の教務主任たちが，研究授業に関して発言した。ある教師は，国語・数学の授業における発問の意義について質問した。別の教師は，国語の授業者に対して彼女が設定している研究課題を問い，それに即した評価コメントを述べていた。また，ある教師は，算数の授業が生徒主体であったことを肯定的に捉えたコメントを出した。さらに，ある教師は，国語の指導者の研究授業を以前にも観察したことについてふれ，その授業力が高まっていること，当該研究授業の子どもたちを以前に自分も指導していたが彼らが成長していることを賞賛していた。このように，多面的な視点から，研究授業に対する見方が示されたが，一人ひとりの語りがかなり長いため，数名の参加者しか発言できなかった。

　協議の半分以上の時間は，教学研究室のリーダーのコメントにあてられた。彼は，2つの授業が目指すべきものは「子ども主体」であるが，それが算数の授業ではよく実現されていたと話した。一方，国語の授業は目標設定に難があること，算数の授業も発問のパターンが少ないことを問題視した。さらに，「子ども主体」であることと，タブレット型端末などのICTを活用することは同義ではないので，さらに目指すべきテーマである「子ども主体」に近づくアプローチを構想してもらいたいこと，それを確認するためには，子どもによる授業評価等のデータを収集し分析する必要があることを解説した。そして，最後に「子ども主体」というテーマに迫るためには，日常的な実践が大切であることを説いた。

　1時間弱の協議であったが，2つの研究授業の多様な側面を参加者は語った。また，2つの研究授業を比較検討したり，ある指導者の過去の研究授業と当日

のものを重ねて意見を述べたりするという営為を参加者は試みていた。つまり，彼らは，当該研究授業の特長と課題を立体的に語ろうとしていた。ただし，参加者が呈したコメントはほぼ，研究授業を実施した教師に向けたものであり，自身の授業，自身が所属する学校に対するものではなかった。

7.3 哈爾浜市の小中高等学校における Lesson Study

筆者は，縁あって，中国の東北地方（黒竜江省）の大都市の哈爾浜の小中高等学校を何度も訪問している。それは，2008年度に始まり，2014年度で，4度目を迎えた。同じ学校を3度訪問し，その発展に驚かされたこともある。以下，2014年9月に同市の小中学校を訪問して見学した授業研究，あるいはそれに準ずる営みの模様，その可能性と課題に関する筆者の意見を述べる。

7.3.1 K小学校における授業研究
① 学校の概要

1941年に創立されたK小学校は，第1～5学年の2100人の子どもを擁する。それゆえ，校舎は2つのキャンパスに分かれて建てられている。その1つを訪問したのだが，とてもきれいな校舎であった（写真7-17）。130人のスタッフが子どもたちの指導等にあたっていると聞いた。学校要覧によれば，同校の教師たちは，子どもの全人的な成長を願い，知・徳・体の向上に資する学びをバランスよく子どもたちに提供しようと，教育課程の編成を工夫している。また，それを実現するために，教師教育のプログラムを充実させている。同校には，優秀な教師が多く，5人の有名な教師たちは，個別のオフィスを与えられて，若手教師の指導，さらには他校の教師の指導に従事しているそうだ。[5]

写真7-17　K小学校の外観

② 研 究 授 業

　K小学校では，第3学年の国語と第5学年の英語の授業，それを題材とする協議会を見学した。

　第3学年の国語は，猫をモチーフとする文章を読解する学習であった。指導者はまず，電子黒板で題材名と学習課題を提示した後，子どもたちに当該文章を音読させた。そして，いくつかの発音の難しい単語の読み方を指導した。その後，子どもたちに教科書を開かせて，作者が猫の描写を工夫しているところにラインを引くよう指示した。しばらくして，子どもたちは，それぞれが見いだした工夫を発表した（挙手した子どものなかから指導者が指名して）。その後，指導者は，文章中のいくつかの叙述を選び，それに合致した音読の仕方を問うた。子どもたちは，指名されると，自分なりに工夫した読みを仲間に披露した。一部の子どもは，それに動作を加えていた。

　指導者は，終始，明るい表情で，テキパキと子どもたちに指示したり，作者の表現上の工夫を解説したりした。同時に，子どもたちの発言をたくみに受け入れて，それをクラス全体に共有させていた。

　第5学年の英語の授業は，「How do you go to school？」から始まるコミュニケーションに関するものであった。指導者は，電子黒板を利用して，子どもに乗りものや文型を提示し，学習課題の明確化を図った後，いくつかの用語の発音を練習させたり，意味を確認したりした。次いで，三人称に主語を変えたり，別の動詞を用いる場合を紹介したりして，表現の多様化を図った。さらに，子どもに，教科書の該当ページを開かせて当該表現の用い方を確認させた後，3人のグループを組ませて，それによるコミュニケーションを練習させた（写真7-18左）。いくつかのグループには，クラス全体の前で発表もさせた（写真7-18右）。さらに，デジタルコンテンツを用いて，練習問題に子どもたちを挑戦させた。

　読む・書く・話す・聞くという要素がバランスよく配置された授業であった。そして，それは，授業者が，教科書，電子黒板（デジタルコンテンツ），黒板というメディアを巧みに組み合わせて利用していたことに支えられていた。一斉指導，個別の作業，グループによる交流という，学習形態の多様化も，子ど

第Ⅳ部　アジア・オセアニアにおける Lesson Study

写真7-18　研究授業における子どもたちの活動の様子（第5学年英語）

写真7-19　研究授業を見学する同僚教師の様子（第5学年英語）

もたちの学びの充実に資するものであった。

　なお，いずれの授業においても，同じ教科を担当する教師たちは，写真7-19のようなスタイルで，授業を見学していた。彼らは，授業中，ほとんど動かない。椅子に座ったままである（写真7-19左）。しかし，実に熱心に，ノートに，授業の過程を記録するとともに，気づきを記していた（写真7-19右）。

③　研究授業に関する協議

　やはり，ここでも，研究授業に対する協議は，指導者の自評から始まった。第3学年の国語の指導者は，授業のデザインに対して学校長が助言してくれたこと，授業全体としてその成果に満足していること，子どもたちが難しい言葉

のイメージをつかんでその読み方を工夫してくれたこと等を述べた。また，第5学年英語の指導者は，「ストーリー教育法」という指導法を採用していることを説明した。

研究授業を見学していた同僚たちは，国語については，作者が用いている言葉とその感情のつながりを子どもたちがしっかり学習していたと，授業の成果について語っていた。また，英語については，指導者が子どもたちをよく賞賛していたこと，知識の連結が図られていたことを授業の長所として指摘していた。

ところで，筆者は，協議の終盤，参加者に，いくつかの質問を投げかけ，彼らの授業研究の手順について確認した。それによって，同校における授業研究の方法論をさらに深く理解できた。たとえば，国語の教科チームのメンバーは，学校外の教師がK小学校の教師たちの授業に見学に来ることが多いことを筆者に教えてくれた。そして，全国的に著名な教師が授業の見学に来校する場合には教科チームで授業のデザインを検討すること，その際には，7～8回指導案を修正することもあるとも語った。さらに，その反対に，彼らが別の学校の授業を見学に行くことも少なくないと補足してくれた。

7.3.2　D中学校における授業研究
① 学校の概要

K小学校と同じ区内にあるD中学校には，第1～4学年の3500人が通学している。教職員数は300人弱にも及ぶ。やはり，2つのキャンパスを有するという。彼らのモットーは「太陽の日差しを子どもの心に届ける」であり，それが校章のデザインにも反映されているという説明を受けた（写真7-20）。

学校要覧に依れば，D中学校はたくさんの研究指定等を受けている，モデル校である。指定の数は，ここ数年だけで，55を数える。新潟市の中学校と姉妹校提携を結んでいるそうだ。

② 研究授業

D中学校でも，2つの研究授業を見学した。1つめは国語（学年不明）である。「水滸伝」がその教材であった。授業が始まると指導者は，まず，子ども

第Ⅳ部　アジア・オセアニアにおける Lesson Study

写真 7 - 20　D中学校の校章

写真 7 - 21　研究授業の様子（国語）

たちに水滸伝の動画クリップを視聴させ，その印象を述べさせた。そして，作者や作品の背景，登場人物等を一斉授業形式で説明していった。その後，子どもたちに，4人の登場人物のうち特に興味を抱いた1人を選び，その理由を小集団で交流するよう，指示した（写真7-21）。最後に，再度クリップの視聴をさせてから，本文の解釈を子ども間で交流させていた。

　次に，第8学年の英語の研究授業を見学した。この授業は，記録文を分析的・構造的に読解する能力を高めようとするものであった。指導者は，終始自作コンテンツを提示して，分析的な読みの留意点，たとえば，5W1H，Title・Topic・Body といった概念を図解した（写真7-22左）。それは，実に，歯切れのよい，要点をおさえた説明であった。そして，そうした構造を実際の文章に適用して分析する課題を示した。子どもたちは，プリントに分析結果を記していたが，その間ずっと，指導者は子どもたちに対して個別指導を繰り広げていた（写真7-22右）。その後，指導者は，好きなセンテンスを選んで発表することを子どもに求めたが，何人かの子どもがそれに応えた。最後に，指導者は，達成基準別に家庭学習課題を提示して，授業を締めくくった。

　D中学校の2つの授業はいずれも，指導者が自作コンテンツを駆使して，基本的な知識を子どもたちに吸収させていること，その上で，それを応用する学習場面（しかも，正解が1つに限られない学習課題に子どもが取り組む場面）を導入していること，その結果を子ども間で交流する「学び合い」の時間帯を確保していることを特長としているといえよう。今日，日本の中学校でも，そ

第 7 章 中国における Lesson Study

写真 7-22 研究授業の様子（第 8 学年英語）

写真 7-23 D中学校における授業観察

の成立が期待されている授業と，その構成原理を同じくするものであろう。

③ D中学校における授業研究

　D中学校では，公開された授業に対する協議が催されなかった。その代わりに，筆者らがD中学校における教員研修に関してインタビューを実施する時間を同校の教師たちは提供してくれた。その中で理解できた，D中学校の教員研修，とりわけ授業研究会の企画・運営について得られた情報を読者にお伝えしよう。

　D中学校においては，筆者らが参加したような授業の観察と批評は，日常的な取り組みである。1ヵ月に4回他者の授業を見学して，そこから学んだことを観察記録簿に残すとともに，授業者にもフィードバックする。その記述量は

多い（写真7-23）。

　区レベルや市レベルの授業研究会，すなわち他校の教師が参加する場合には，指導案を作成して，それに備えるようだ。また，D中学校は，素質教育のための新しい教育法（反転授業）の開発に関する研究指定を受けているので，その取り組みを公開する日を設けることになっていると聞いた。

7.4　中国における Lesson Study の日本への示唆

　ここまで，北京市と哈爾浜市の小中学校における授業研究の様子を報告してきた。研究授業の内容からすれば，現在日中の教師たちが追究している授業像に大きな違いはない。子どもたちの学習意欲を高め，それを追い風にして，思考力・判断力・表現力の育成を図ること，そのための教材開発や ICT 活用の工夫が試みられること，それらは両国の教師たちの最近の授業づくりの共通課題であると思われる。

　一方，それに比して，授業研究の方法論には，差異点が少なくない。そして，中国における授業研究の営みに日本の教師たちが学ぶべきところ，少なくとも部分的には自らの営みに吸収することが望まれるものがあると，筆者は考える。以下にそれを整理しておこう。

　まず，中国の授業研究，正確には授業観察や授業評価は量的に充実している。先に哈爾浜市内のD中学校では1ヵ月に4回の授業観察がルール化されていると述べた。哈爾浜師範大学附属高等学校の場合は，なんと1週間に2度の他者の授業の観察が教師たちに義務づけられているそうだ。

　次いで，上述した授業観察や授業評価は，基本的には，書くことをベースに進められる。研究授業参加中，それを見学する教師たちは，目にしたこと，それから考えたことを詳細に記す。彼らは，書くことを通じて実践的省察を繰り広げることを旨としている。日本の学校における授業研究では，一般に，書くことよりも，直接語り合うことが優先されていると思われる。両国の授業研究は，この点では対照的である。

　授業研究を企画・運営する単位にも，日中の違いを確認できる。日本は，少

第 7 章　中国における Lesson Study

なくとも小中学校の場合は，学校全体の研究テーマを設けて，それに即した授業の設計・実施・評価がスタッフ全員で推進される。一方，中国の場合は，そうした手順は，基本的には，教科チーム単位で進められる。小学校においても，教科担任制が少なからず採用されている事情もあろうが，それ以上に，それぞれの教科指導の専門性が重視されていること（それを競うコンテストが催されるとも聞いた），教科チームが共同で教材開発や資料の準備にあたることなども授業研究の企画・運営単位に影響を及ぼしていることは予想に難くない。

なお，筆者には，中国においては，他校の教師に門戸を開き，研究授業を観察してもらうという取り組みは，教師たちに当然視されていると感じられた。前述したいくつかのケースで紹介したように，少なくとも北京や哈爾浜といった大都市では，拠点校を中心にして，学校をまたいだ授業研究のネットワークが形成されている。日本の小中学校も，自主公開研究発表会の開催，中学校区を単位とする複数の学校の合同授業研究会の開催，似たようなテーマで校内研修に取り組んでいる学校の姉妹校提携等などの営みに取り組むことが増えた。筆者は，英国やカナダにおいても，学校改革のための学校間ネットワーク，その柱の一つとしての授業研究の学校間ネットワークに接したことがある（木原 2012）。こうした動きは，中国においても市民権を得ており，ユニバーサルなものであることを再確認できた。

注
(1)　新井（2014：159）によれば，教育部が管理する学校の数は，2012年の段階で，小学校が22万8,600校，初級中学が5万3,200校，そして後期中等教育の組織が2万6,868校となっている。小学校でいえば，日本の約10倍の数に該当する。
(2)　2008年の第11回全国人民代表大会にて批准された国務院機構改革法案および「国務院機構設置に関する通達」に基づいて決定された教育部の役割と権限は17にのぼるが，そのなかの一つに，「全面的に資質（素質，筆者）教育を実施する」（新井 2013：246）というくだりがある。
(3)　筆者は，これを，哈爾浜師範大学で実際に目にしたことがある。高等学校を卒業したばかりの若者が迷彩服を身にまとい，軍隊関係者と思われる人材の号令によって，規律正しく走ったり，直立不動になったりするさまは，そのようなプログラムに慣れない筆者を驚かせた。
(4)　たとえば，教育部が2013年8月に通達した「教員資格定期登録暫定規則」には，次のよ

うな内容が記されている（新井 2014：189）。
- 教員登録は5年に一度更新。
- 更新には，公立の教育機関だけでなく，実際の状況に基づき私立の教育機関を含む。
- 職業道徳評価基準の合格や年度ごとの評価の合格，国が規定する360時間以上の研修の受講等の条件に基づき更新が可能。
- 登録の更新は無償。

(5) 中国の学校に勤務する教師には，等級が定められている。基本は，「高級教師」「1級教師」「2級教師」「3級教師」という4段階の職級である。それらは，学歴や業績等で決められる（金 2014）。さらに，「1,000人に1.5人以内」という割合で，特に優秀な人材には「特級教師」という称号が付与され，特別な手当等が支給される。筆者も中国の学校を訪問して，スタッフの写真の掲示をよく目にしたが，そこに中国の教師の階層性を痛感した。等級に応じてピラミッド型に写真が配置されており，しかも，高級教師の写真の大きさは，1級教師以下に比べてはるかに大きなものだったからだ。

参考文献

新井聡（2013）「中国」文部科学省（編）『諸外国の教育行財政』ジアース教育新社，238-293.
新井聡（2014）「中国」文部科学省（編）『諸外国の教育動向』明石書店，155-192.
木原俊行（2011）『活用型学力を育てる授業づくり』ミネルヴァ書房.
木原俊行（2012）「授業研究を通じた学校改革」水越敏行・吉崎静夫・木原俊行・田口真奈『授業研究と教育工学』ミネルヴァ書房，93-122.
金龍哲（2014）「中国」二宮皓（編）『新版 世界の学校』学事出版，86-95.
肖霞・上野正道（2014）「中国における素質教育の展開」上野正道ほか（編）『東アジアの未来をひらく学校改革』北大路書房，87-109.

第 8 章

シンガポールにおける Lesson Study

柴田好章

8.1 シンガポールの教育の概要と Lesson Study の背景

　シンガポールは，都市国家として1965年にマレーシア連邦から独立した後，めざましい発展・成長を遂げてきた。農産物は生産されていない上，天然資源も乏しく，生命線となる水の多くもマレーシアからの供給に頼ってきた。そうしたなか，人材が唯一の資源であり，特に教育に力を入れている。国際金融，貿易とならんで，教育のプライオリティが高い教育立国である。政治的にも財政的にも教育に重点をおいた国家経営がなされており，学校の予算も日本に比して潤沢である。そうした予算を背景にし，学校や研修センターに相当する Academy of Singapore Teachers における教員研修も盛んである。海外からの研究者を招聘した研修も頻繁に行われる。また，海外の学会・研究会に出かけるシンガポールの教師も多い上，日本の授業研究の視察にも多くの教師・校長が参加している。
　シンガポールの学校制度は，1980年に導入された複線型を特徴としている。6年間の初等教育の後，中等教育は，エクスプレス（高速）コースと標準コースに別れる。標準コースは，アカデミックとテクニカルの2つに分かれている。これらの他に，私立学校や独立学校に進む場合もある。さらに，2004年からは，中等教育後の2年をも一貫して行う，統合プログラム（Integrated Program）も実施されるようになった。これらのトラック間は，GCE のテストによって移行することができる。大学に入るための試験（GCE 'A' レベル）を受験するためには，2年制のジュニアカレッジ（中等後教育・大学準備教育）を卒業する必要がある。これに進むためには，GCE 'O' レベルに合格することが条件

である。エクスプレスコースは，中等学校4年間で直接にGCE 'O' レベルの試験に進むことができるが，標準コースのアカデミックでは，4年間の中等学校在籍ではそれを受験することはできず，GCE 'N(A)' レベルを受験し，その後に1年間の中等学校第5学年を終えてから，GCE 'O' レベルを受験することが可能になる。中等後教育には，ジュニアカレッジ（GCE 'O' レベル）の他，ポリテクニック（3年制）や，職業訓練のための学校が用意されている。

日本と異なるのは，GCE という統一的な学力の基準で学校種が峻別されている点である。日本では比較的単線型に近いために，同一年齢は同一学校種に在学する場合が多いが，それに引き換え学校間格差が比較的大きく，各学校が実施する選抜（入試や基準）による進学先決定のウェイトが大きい。一方，シンガポールでは同一年齢における学校種が多様であり，どの学校種に進学できるかを国家統一の試験がコントロールしている。こうした細分化されたコース分けと，能力主義・競争主義のもとで，テストによる選抜が強いシステムとなっている。

ただし，21世紀に入るころからの教育改革の動きが大きく，従来型のテストに対応できる狭い学力から，21世紀型能力と呼ばれる思考力・表現力を重視した教育への転換も進められてきた。学習者の主体性や，社会生活とのつながりを重視する学習観へのシフトが顕著である。2004年の教育省からの方針「Teach Less Learn More」をはじめ，今日では，生徒中心・価値重視のホリスティック教育が標榜されている。

8.2 シンガポールにおける Lesson Study の展開

2015年現在の世界授業研究学会（WALS）の会長は，シンガポール国立教育学院（National Institute of Education：NIE）の，クリスティン・リーが務めている。また学会の事務局もシンガポールにある。リーを中心とする NIE が，シンガポールの Lesson Study の中心であるとともに，世界の授業研究のネットワークの要となっている。2004年以降，この10年の間にシンガポールでは急速

第8章　シンガポールにおける Lesson Study

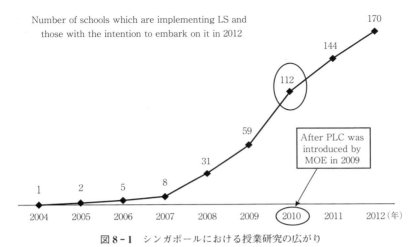

図 8-1　シンガポールにおける授業研究の広がり
出典：Lee & Lim（2014：43）.

に授業研究が広がっている。図8-1に示すように，Lesson Study に取り組む学校の数は右肩上がりである。特に，専門職学習共同体（Professional Learning Community：PLC）を教育省が推奨した2009年以降の増加は顕著である。また，毎年開催されている WALS での発表件数をみても，シンガポールは大きなウェイトを占めている。さらに，シンガポール国内で開催されているカンファレンスも活発であり，諸外国の研究者を招聘し，シンガポールの大学研究者・教師教育者・校長・教員らが参加している。

こうしたシンガポールの Lesson Study の発端は，2004年にシンガポールで開催された協同学習の国際会議において，東京大学の研究者や米国のキャサリン・ルイスが，Lesson Study について行ったスピーチである（Lee & Lim 2014）。生徒の協同とともに教師の協同を可能にする日本の授業研究がシンガポールで注目された。

その後，Center for Research in Pedagogy and Practice による援助によって，2006年〜2007年の2年間の小学校でのプロジェクトが実施され，シンガポールでの本格的な Lesson Study のパイロットスタディが始まった。

Fang & Lee（2010）によれば，この2年間のパイロットスタディでは，実践

共同体（Wenger 1998）の構築を目指して Lesson Study が採用されている。そして，研究者，教師教育者，カリキュラム専門家（教育省）と教師らの協同によって，研究授業のデザインと実践が行われた。この２年のプロジェクトによって，学校の諸活動が子どもの学習と発達の改善に，より近づいたという成果が指摘されている。そして，授業の計画・実践・観察を協同で行い，生徒の学習についてのデータを集め，指導方略を見直し，協同で知識を構成することが，教師がともに失敗から学び，授業の改善策を作り上げることに結びついたことが明らかにされている。その一方で，全学校に授業研究が広がるにあたっては，特に教科の専門家の支援などが必要であると指摘している（Fang & Lee 2010）。

そして，特に2010年より教育省が PLC を推奨したことにより，それに伴う動きとして Lesson Study が広がっている（図８−１）。PLC の導入は，教育省によって2009年８月に行われ，生徒の学びをデザインするために教師がオーナーシップをとること，そしてそのために教師がお互いに学び合うことが強調された（Lee & Lim 2014）。

シンガポールの Lesson Study の導入の特徴は以下のように整理できる。

(1) シンガポールの大学研究者の主導（NIE のリーのチーム）によって，授業研究の導入が図られている点。
(2) 国際的な研究ネットワーク（東京大学の秋田代美や米国のルイスら）と結びついて，国内の Lesson Study の普及が進められている点。
(3) 大学，行政，学校の連携のもとで Lesson Study の推進が進められている点。
(4) 実践共同体（Practice of Community）や専門職学習共同体を実現する手段として授業研究が位置付けられている点。

このような Lesson Study の急速な普及について，NIE の研究者である Lim らは，2009年１月の時点で調査を行い，いかに Lesson Study の方法がローカルな学校の状況に適合していったのかを明らかにした（Lim, Lee, et.al 2011）。結果の一部を表８−１〜表８−３に示す。これらを含め，学校のリーダー，

第 8 章　シンガポールにおける Lesson Study

表 8-1　授業研究の推進役が感じる Lesson Study の課題

サポートメカニズム	初等学校	中等学校	計
時間の確保	16	23	39
スタッフ内の推進校	15	18	33
スタッフ内の自発的関心	9	11	20
リソースのリンク	9	7	16
その他（教師間，学校間での共有，ファシリテータの育成）	6	8	14
代用の教員	5	8	13
職務軽減	4	4	8
研究授業のスケジューリングの困難さ	13	12	25
外部リソース獲得の困難さ	10	11	21
会合のスケジューリングの困難さ	10	8	18
その他	5	4	9

出典：Lim, Lee, et al.（2011）．
訳者注：初等学校28校，中等学校28校，計56校中の校数

表 8-2　教師が感じる Lesson Study の利点

LS の利点：LS は…	教師の数（n=129）				
	強く反対	反対	中立	賛成	強く賛成
生産的な時間の使い方である	2	4	29	80	14
自分自身の教室での授業に影響を及ぼすアイディアをもたらす	0	6	27	80	36
自分が教えている教科をもっと学びたい気にさせる	0	4	22	75	28
教科における生徒の学習過程の理解を増進する	0	1	11	84	33
教科における自分自身の知識に貢献する	0	5	14	87	23
教科を教えることに関する自分自身の知識に貢献する	0	2	9	90	28
カリキュラムをより注意深く検討することを可能にする	0	5	23	80	21
教師間の同僚性を高める	0	6	16	77	30
同僚教師間で相互に教室を参観することを容易にする	0	10	36	64	19
他者に自分の授業を観察されることへの恐れを軽くする	0	13	38	60	18
同僚と顔を会わせて教え方について話す頻度を増やす	1	5	16	88	19
同僚と生徒の学びについて共有し議論する頻度を増やす	1	5	16	89	18
同僚から学ぶ専門職として成長する機会を自分にもたらす	0	2	4	86	37
自分自身の指導のために有益なリソースを生成する	0	3	20	89	17

出典：Lim, Lee, et al.（2011）．

Lesson Study のリーダー役，教師らに行った調査をもとに，以下の点が Lesson Study の持続のために重要であると結論を導いている。
　(1) 学校のリーダー（校長や副校長）が，Lesson Study が学校に根付いて成長するために重要な役割を担っていること。

表 8-3 研究授業（RL）の授業者と非授業者の Lesson Study の受止

知　　見	教師の種別	教師の割合（n＝129）			
		反対	中立	賛成	強く賛成
計画立案のための会合は有益である	研究授業の教師	7%	63%	22%	7%
	他の教師	12%	25%	55%	8%
研究授業後の協議は有効である	研究授業の教師	5%	13%	57%	25%
	他の教師	4%	19%	63%	13%
授業研究は生産的な時間の使い方である	授業の教師	1%	20%	64%	15%
	他の教師	8%	21%	60%	11%
授業研究は自分のクラスの指導に影響を与えている	研究授業の教師	0%	6%	60%	34%
	他の教師	3%	4%	70%	24%
授業研究は自分が教えている教科をもっと学びたい気にさせる	研究授業の教師	2%	14%	54%	30%
	他の教師	4%	17%	64%	15%

出典：Lim, Lee, et al.（2011）．

(2) 学校のリーダーは，Lesson Study が生徒の学習と結果に影響を与えることができると考えていること。

(3) 学校のリーダーは，教師の知識，特に教材に関する知識と，PCK（Pedagogical Content Knowledge）に影響を与えることができると考えていること。

(4) Lesson Study のための時間を確保すること。

(5) 教師の中に，Lesson Study の推進役が存在していること。

そして，シンガポールの学校での Lesson Study の試みは，教師たちに Lesson Study の価値を理解させることができた一方で，発展させるにはさらに支援を必要としていることが明らかになったと述べている。時間と空間の確保のみならず，教師たちが Lesson Study を行うためのツールとして，カリキュラムに関する資料，本，評価項目例などや，授業設計から事後検討会までのミーティングをサポートする人材が必要であると述べている。

第 8 章　シンガポールにおける Lesson Study

8.3　シンガポールでの授業研究の実際

　以下では，Lu & Lee（2011）が分析事例として取り上げているシンガポールの授業研究の事例を紹介する。Spring Hill Elementary School（仮名）では，大学教員を指導者として招聘し，2008年に Lesson Study を導入している。Lesson Study は，Stigler と Hiebert（1999）に従い，以下の 8 つのステップで行われている。

① 最初にミーティングにおける問題の顕在化
　　チームは，1/12までの単位分数を認識し名づける課題を行うために，正方形や長方形や三角形などのさまざまな状況を用いて活動することに決定した。2 年生の子どもに一般的に教えることは難しいからである。
② 数学授業の計画
　　2 日間かけて，2 年生の分数を読み取る授業を計画した。6 つの小学校のメンバーがディスカッションに参加した。最初の指導案と期待される生徒の反応を書き上げた。
③ 教室での授業の実践と観察
　　授業者が授業を実施し，他の教師は観察を行った。
④ 授業後の批評と振り返りの討論
　　授業者の授業にそって，Lesson Study グループが約 1 時間，授業について批評と振り返りを行った。参加者は，教え方と生徒の学習における問題点を共有し話し合った。授業者は，授業の反省を行い，他の参加者は自分自身の実践も振り返り，観察した点を持ち寄った。
⑤ 授業の改良
　　批評に基づいて，参加者たちは分数の授業の改訂のために，もう 1 時間かけた。教師たちは，批評から学んだことをもとに，授業案を改訂した。
⑥ 改訂された授業の実施と観察
　　他の教師が改訂された授業を次の日に実施し，他のチームメンバーが観察した。

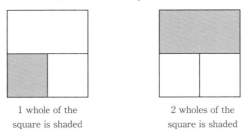

図8-2 児童の誤りの例
出典：Lu & Lee（2011）．

⑦ 批評と振り返りと改訂

改訂した授業をさらに批評し振り返り，再度授業案を改訂した。

⑧ 結果の共有

部門の主任が Lesson Study のサイクルによる結果を整理し，他の学校の他の教師に伝達した。

この授業研究のサイクルでは，2回の研究授業が行われ，当初の指導案が改訂されている。この授業は，小学校2年生の分数の授業であるが，1度目の研究授業において，生徒の誤りから数学的な言語を一貫して用いる必要性について議論され，それが次の研究授業に生かされていった（図8-2参照）。

この授業では，分数の概念・呼称・量（面積）との対応が学ばれているが，それらの結びつきをどのように生徒に理解させるかが研究授業における研究のねらいとなっている。授業をする上での困難さを教員同士が共有し，そのために事実を作り出し，事実を検証することを通して，教師が学んでいくところに授業研究の利点がある。こうした日本の授業研究のよさが，シンガポールでも息づいているといえるのであろう。

一方，シンガポールでは，英語の情報が直接に学校の教師に届くうえ，校長会などが主催するカンファレンスでは海外から著名な研究者が招聘され多くの校長・教師たちが直接に学ぶことができる。そうしたことを反映して，授業研究のモデルが急速に普及したと考えられる。

第 8 章 シンガポールにおける Lesson Study

図 8-3 シンガポールにおける理科のカリキュラムフレームワーク
出典：Curriculum Planning and Development Division Ministry of Education, Singapore, 2004.

また，研究授業で扱われるテーマも，数学におけるメタ認知，科学的な知識と実用的な技術との関連，理科や数学における誤概念，生徒相互の学習共同体の構築など，学術的にも今日的な課題に応じたものになっているといえる。

8.4　シンガポールの理科授業事例の紹介

筆者ら（Sarkar Arani, Shibata, et.al 2014）は，シンガポールで観察・記録した授業記録をもとに，日本の教育者とともに授業分析を行っている。シンガポールの授業を日本の教育者がどのように評価し，またそれに対してシンガポールの教育者がどのように感じるか，両者の授業に対する見方の共通性や相違を明らかにしようとするものである。本節では，サルカール　アラニ・柴田（2012）を引用し，事例を紹介する。

本時は，シンガポールの中学校 1 年生の理科授業である。「いろいろな物質」の単元名の授業の一つであり，授業時間は 50 分であった。この授業では，中心的な課題として，グループでキャリーバッグのデザインを行っている。適切な

素材を用いて，環境に優しいことが条件に加えられた。

　シンガポールの理科では，日本と同様に，知識の活用や社会とのつながりが重視されている（図8-3）。シンガポールの学習指導要領の中学校理科では，科学的知識，技術，態度の獲得のバランスが重要であると強調している。加えて，科学の技術的な応用，社会的な活用だけでなく，さまざまな局面における科学の価値に配慮することや，自然現象や物理現象に対する科学的な基礎概念を獲得させることも重要視されている。

　この基本的なガイドラインをもとにして，教師は，授業方法（授業づくり）や評価方法を考える。しかし，教師は単にシラバスに従うだけでなく，生徒の能力，興味関心に基づいて，教師自身の経験と専門的な判断をもとに，授業は行われるべきであるとされている。教師は，さまざまな方法やアイデアを授業に取り入れ，教科書の教材だけでなく多様な題材を工夫して使うことが奨励される。この授業でのキャリーバッグの課題も，教科書の知識を活用し，科学の価値にふれるきっかけとなるものである。以下，分節ごとに授業の概要を示す。

◎第1分節（T1-S103）生物の復習と非生物の導入

　第1分節は，前時まで行ってきた「生物」における分類を振り返りながら，分類の意味を考える。そして，本時からの新しい単元の「非生物」を導入する。第1分節は，6つの小分節に分けられる。
【第1分節・第1小分節（T1-T3）教師の説明と課題1の提示】
　課題1：「ほ乳類」に関連することばを，できるだけ多くグループで挙げる。
【第1分節・第2小分節（Ca4-S19）課題1のグループ討論】
【第1分節・第3小分節（T20-Cs48）課題1の全体発表】
【第1分節・第4小分節（T49-S56）ほ乳類についてのまとめと課題2の提示】
　課題2：金属というとき，ちょうど「ほ乳類」と言ったときと同じように，すぐに多くの考え，概念が浮かんできます。すぐにどう考えますか。
【第1分節・第5小分節（T57-S85）金属についてのまとめと課題3の提示】
　課題3：グループでできるだけ多くの言葉をあげてください。木の性質。
【第1分節・第6小分節（T86-S103）課題3の全体発表とまとめ】

第 8 章　シンガポールにおける Lesson Study

◎第 2 分節（T104–T137）課題 4 の提示（本時の中心課題）
　　第 2 分節は，本時の中心である課題 4 の提示に至る教師発言中心の分節である。大きくは合計 4 つの比較的長い教師発言から成り立っている。本来は 1 つの教師発言として扱うこともできるが，教師は発言の後に，生徒に問いかけをして，生徒の発言やつぶやきから生徒の理解度を確認しながら，課題 4 への取り組みを方向付けている。そこで，次のように 5 つの小分節に分ける。

【第 2 分節・第 1 小分節（T104-Cs114）金属と木の特徴のまとめと課題 4 の提示】
① 教師が，板書を指して，ほ乳類，金属，木の 3 つの例をもとにしてカテゴリーと共通する性質に基づき分類という概念を説明した。
② 教科書91ページにある情報を利用して考える課題を提示すると説明し，キャリーバッグをデザインするという課題 4 を提示した。デザインするキャリーバッグの 2 つの基準をワークシートで説明した。
③ 環境に優しいとはどういうことかを教師が問いかける。

課題 4 ：キャリーバッグをデザインしてください。スーパーマーケットに持って行きたいと思うようなキャリーバッグにしてください。2 つの基準を満たす必要があります。
　　基準 1 　機能に適した物質を使う。
　　基準 2 　環境に優しい物質を使う。

【第 2 分節・第2小分節（T115-Z136）課題4の説明】
① 教師が，2 つの基準に合っているか，キャリーバッグのスケッチに注釈を入れるように指示した。
② ペンを例にして，2 つの基準をさらに説明した。
　機能にあわせて，強い材料や，曲げられる材料を使う。
　環境については，リサイクルできる材料を使う。
③ 教師が，グループでの取り組み方を指示した。

代表者を1人出す。ワークシートを1グループに1枚とる。ワークシートに書いてある課題を2分間で読む。
④ 教師が，全体発表の仕方を説明した。グループ討論をしているとき，だれが発表者になるか決める。教師はグループを巡視するので質問があればする。発表順はくじを引いて決める。

◎第3分節（Ca138-S329）課題4のグループ討論

　第3分節は，課題4に対するグループ討論である。グループ討論は20分間続けられた。ここではある1つのグループ（グループ9）の様子を紹介する。生徒の発言は重なり合い聞き取りにくいところもあり，発言の詳細を完全には再現できていない。途中で教師がグループに巡回して指導したのを区切りとして，2つの小分節に分けた。

【第3分節・第1小分節（Ca138-E225）グループ討論】
　グループ9（生徒E，F，Wの3名）の記録を見ると，以下のことが示唆される。
〈視点①〉3名の学び合いの関係の推移
- EとFとWの3名の発言数はほぼ同数である。
- Wは他の2名に対して，問いかける姿勢がある（W141，W149，W223）。
- EとFはWの問いかけに対して意見を述べていく姿勢である。（E158，E163）

以上の関係は，第1小分節を通して基本的には大きな変化は見られない。
〈視点②〉取り上げている内容の推移
　さまざまな内容が話し合われるが，おおむね以下の通り，内容が変化していっている。
- まず，プラスチック，スティール，セラミックス，ガラス，ファイバー，ゴムなどを，強度と「環境に優しい＝リサイクルできる」という基準から吟味していった（W145，S152，S154）。
- つぎに，「コーティング」という考え方がグループ討論を支配していっ

第 8 章　シンガポールにおける Lesson Study

た（W155, E218）。コーティングは，内側の木を外側から守る金属として発言される。
- コーティングの話題に並行して木は環境に優しいかどうかや，木が腐りやすいことについて発言がなされる（W191, W217, E222）。
- そして，プラスチックと金属（スティール）を比較しながら，適した素材について話し合いが展開している（W227, F232, E235, F236）。

【第 3 分節・第 2 小分節（T256-S329）教師発言の影響を受けたグループ討論】
　その後，グループ討論の後半では，教師がグループ 9 のところにやってきて，声をかけている。発表順をきめるくじを引き，またグループ内でだれが発表するかを決めた。その後，デザインの課題に戻り，以下のように発言している。

　　　　　⋮
　　E　290　プラスチックは，折りたためる。
　　　　　⋮
　　F　296　ロック機構をつけよう。ちょうどはめ込んで。
　　　　　⋮
　　F　309　そう。この部分はハンドルで最も重要なところ。キャリーバッグのデータを使う。
　　　　　⋮
　　F　322　リサイクルされた金属。私たちはリサイクルされた金属を使おう。
　　E　323　ゴム，ゴム，長持ちする。環境に優しい。
　　W　324　金属はラッチに使う。ラッチってどんな意味？　わかった。
　　E　325　長持ちで環境に優しい。

◎第 4 分節（T330-T370）課題 4（中心課題）の全体発表
　第 4 分節は，グループ討論の結果を全体に発表し，聞き合う場面である。教師は第 2 分節の第 2 小分節で，全体発表の仕方を説明している。その説明に応

じて，第4分節は，全体発表の仕方を再度詳しく説明している教師発言と，グループ3の発表と，他の生徒とのやりとりの場面に分けられる。

【第4分節・第1小分節（T330-T332）全体発表の仕方の説明】
　教師が，発表順序1番のグループ（DとMとEの3人のグループ）が発表し，発表は次の時間も継続することを告げる。そして，発表の仕方を説明し，例示した。

【第4分節・第2小分節（T333-J355）グループ3の全体発表】
（グループ3が全体発表の準備）
- D　341　みなさん，おはようございます。
- M　342　こんにちは。
- D　343　こんにちは，みなさん。私の名前はMDです。3グループです。私たちのメンバーは，JとEです。
- S　344　（拍手）
- D　345　ありがとう。では，ハワイ・キャリーバッグを発表します。
- Ss　346　わー。
- M　347　え，ハンドルはゴムです。なぜなら握りやすいからです。絶縁体。熱の絶縁体です。軽量でソフトです。つぶれやすい（squishy）です。そして長持ちです。この部分は，わかりません。金属です。なぜなら強いからです。簡単には壊れません。そしてこれも長持ちです。
- D　348　カバー，中身のカバーは，
- Ss　349　（笑い）
- D　350　はい，ごめんなさい。キャリーバッグのカバーは，生物分解性のプラスチックです。白です。色は白，色は白。
- M　351　意味は，透明ではなく白です。白にみえますか。透明ではありません。
- D　352　そして，生物分解性のプラスチックは環境に優しいです。熱

第 8 章　シンガポールにおける Lesson Study

の絶縁体です。熱を吸収しません。軽量です。
- M　353　はい，これは，環境的に，スペル間違えた，すみません。
- D　354　最後に，ストッパーは，物質はゴムです。なぜなら軽いからです。音がでなく，止まるための摩擦が大きいからです。
- D　355　これで私たちの発表を終わります。

【第 4 分節・第 3 小分節（J356-T370）グループ 3 の質疑応答】
- D　356　質問はありませんか？
- E　357　ハワイのデザインにしていますね。
- M　358　なぜなら，気に入っているからです。
- S9　359　あまり環境に優しくないのでは？
- M　360　そうです。だけど，とっても気に入っています。
- E　361　ペイントすることは，環境に優しくない。
- T　362　はい，環境に優しくない。
- Ss　363　（口々に）
- M　364　私たちはペイントしなかった。
- T　365　最後 1 つ質問しましょう。最後の質問。
- D　366　K さん。
- K　367　生物分解性のプラスチックってあるのですか？
- ?　368　はーい。
- M　369　あなたたちのグループでは……。環境に優しいとは，生物分解性。あなたたちは，何が生物分解性のプラスチックか，まだ知らないですね。
- T　370　はい，ありがとうございました。

◎第 5 分節（T370-T380）全体発表のまとめと宿題の提示
　教師は，グループ 3 の発表と質疑を振り返り，質疑の仕方について指示した。その後家庭学習の課題を提示した。

【第5分節・第1小分節（T370）質疑の仕方についての指示】

グループ3の発表を「とても聞きやすかった」と評価したが，質疑の仕方について改善点をアドバイスした。

【第2小分節（T373-T380）宿題の提示】

教師が，この話題についての学習モジュール（e-ラーニングでの宿題）を出した。宿題についての質疑を行い，授業を終えた。

8.5　シンガポール理科授業の事例からの示唆

サルカール　アラニ・柴田（2012）は，この授業の特徴から学べることについて，(1) 教材・課題，(2) 問うことの意味について，以下の通り考察している。

(1) 教材・課題について

異なる領域・単元にある生物と金属を関連づける発想は興味深い。生物と非生物を同時に扱う授業は，日本においてはあまりみられない。この授業は，具体的なトピックを扱いながらも，サイエンスというより大きな枠組み（System，すなわち共通する性質によってカテゴリーに分類していくこと）で学習の流れを捉えている。しかし，ほ乳類から非生物，キャリーバッグへと，話題が急速に変化するために，授業の流れについていきにくい部分もあると思われる。

物質の分類というテーマで日本で授業を行うと，電気を通したりこすったりして，金属と非金属を比べて性質の違いを見いだしていくことが多い。また，実験を通して情報や知識を蓄えていく授業がとても多い。そして，知識を習得してから，活用を図る展開をする場合が一般的といえよう。

しかし，この授業では単元の最初の授業において，教科書の記述や既有知識をたよりに，知識を活用する課題が導入に使われている。また，キャリーバッグをデザインすることによって，理科としてのねらい（素材の性質の理解）を達成しようとしている。工学的，課題解決的な授業であるグループワークでの

発言をみると、すでに金属に関する一定の概念を生徒たちは獲得していることがうかがえる。また、当然足りない知識もあるが、それは必要に応じて教科書などの記述を参照するよう指示されており、自らが調べて理解するという授業になっている。

科学的知識、技術、態度の獲得のバランスという視点をもとに、実際の学習課題（キャリーバッグのデザインの設定からみると、科学（Science）面における課題に、技術（Technology）面の要素が入っている。授業展開は、物質概念の捉え（金属・木など特徴への意識づけ）からキャリーバッグ設計という中心課題へと流れた。キャリーバッグの設計を例として取り上げ、その部分の素材について自由に話し合わせていることが、とても興味深い。これは、授業で学んだ知識を、身近な物と関連づけ、現実に応用できるようにする課題である。生徒の反応からみると、授業者の発問や進め方がわかりやすく、実用的なものから素材を考え、そこから物質の特徴を見つけていくことは、探究的・創造的な学びになりやすいと考えられる。

シンガポールの教科書には5つの物質（素材の分類）しか紹介されていない。つまり、キャリーバッグの部位（component）も限られた数しかない。したがって、出来上がるデザインの組み合わせは限られたものになってしまう。生徒たちが、創造性を発揮するためには、それを超える必要がある。具体的に授業実践から事実をもとにしてみると、教師が、キャリーバックの設計に使える素材に木を加えたことは、教科書の枠組みに拘束されない点で、肯定的に評価できる。生徒たちが、ペイントという要因をもってきたことは、創造性の現れである。教師は、「ハワイのキャリーバッグのデザイン」というグループ3の課題の捉え方について、特に「ペイントが環境にやさしいかどうか」について探究的な学習活動を通して意欲的に取り組む生徒の育成を目指していると思われる。それに対して、グループ3の発表を評価し、今後の質疑の進め方について丁寧に指示している。

(2) 問うことの意味について

この授業を問題解決学習の立場から捉えると、まずキャリーバッグのデザイ

ンは，日常生活に直面する問題ではなく，授業のために設定した課題のために教師によって生み出された問題である。したがって，本格的な問題解決学習に比べれば，問いが人為的であり，追究の時間的な長さも十分ではない。しかし，授業における協同的な学びとしての問題解決学習が大切にすべき点を，この授業のなかから学ぶことができよう。

　第1は，「"問い"が誰にとってのものか？」である。教師の発問や課題設定は，子どもたちの思考を喚起する重要な契機である。また，他の子どもの発言によって，追究したい"問い"が生まれることもある。しかし，その"問い"が，個々の子どもにおいて，自分自身が正に問いたい問いになっているかどうかが重要である。子ども同士の相互作用の前提として，個々の子どもが，自分が考えたい，考えざるをえないものとして，問題を捉えている必要がある。この授業でいえば，「適切な素材を使用する，環境に優しいという2つの条件のもとで，キャリーバッグをデザインする」という課題において，グループ3は，ハワイの絵をペイントした。このペイントが環境に優しいかどうかという新たな疑問も生んでいる。こうした絵を描くことは，教師の設定した2つの条件には該当していない。しかし，2つの条件にペイントを加えたことは，「自分も持ってみたいバッグにしたい」，あるいは「売れそうなバッグをデザインしたい」という，子どもの願いの現れであり，教師の設定した課題を，自分自身の問題として受け止めていることがわかる。

　また，集団的な思考が深まると，「問い」の質や内実が変容したり，深まったりすることがある。この授業では，キャリーバッグに適した部材を選ぶという課題であり，部材の素材を問うことが問題であった。当初は，どの部分に何を使うかという話し合いがグループでは行われていた。しかし，木を使う場合は木を守る層が必要となることから，「コーティング」という考えが出てきた。すると，「ハンドル」についても，内側の部材と外側の部材を組み合わせて考えるように，「問い」の「問い方」が深まっていっている。

　さらに，集団的な思考が深まると，「問い」自体を「問う」動きが見られることがある。これは，所与の問題の枠組みの範囲内で考えるのでなく，その枠組み自体を問い直し，当初の問いに含まれていた主題への問いが生じる。この

第 8 章　シンガポールにおける Lesson Study

授業では，「環境に優しい素材は何か」という問題から，「木は，環境に優しいかどうか」という問題が浮上する。「木は腐る」ということは自然分解することで環境に優しいと言えるかもしれないし，リサイクルできないため環境に優しくないと言えるかもしれない。この記録のなかでは，「リサイクルできれば環境にやさしい」という考えをもっていることや，「どんなものがリサイクルできるか」を考えることを通して環境に優しいものを探そうとしている姿がみられる。さらに，こうした追求が深まれば，「木を伐採することは環境に優しくない」「木は他の天然資源に比べて再生が容易である」「木の加工は金属等に比べてエネルギーの消費が少ない」などの意見が出てくる可能性もある。これらを通して，「環境に優しいとはどういうことなのか」が追究すべき問題として現れてくる。これは，より本質的な問いに遡及して考えようとしている子どもの動きといえる。

8.6　シンガポールの理科授業事例の両国の教師の受け止めの違い

　この授業に対して，上記のような研究者による分析・評価のみならず，日本の教育者をまねいて検討会を実施し，日本の教育者の視点からのこの授業の受け止め方について調査した。また，その結果をシンガポールの教育者に見せてコメントを得た。その結果を図 8-4 に示す（Sarkar Arani, Shibata et al. 2014）。
　図 8-4 において，上半分は，授業内容の構造について示し，下半分は教授法や学習形態を示している。そして，それぞれの項目についている，＋と－は，日本の教育者の評価である。つづく，a, d, n は，シンガポールの教育者たちの日本の教育者による評価への賛意を示している。それぞれ賛成（Agree），反対（Disagree），中立（Neutral）に対応している。
　たとえば，左上の「キャリーバッグをデザインする課題を設定したこと」に対しては，知識活用の点から日本の教育者は概して肯定的な評価（＋）を行っていたが，シンガポールの教育者は，同意しなかった（d）。理由は，同様の課題は，小学校で学習しており，科学的な概念や，クリティカルな思考のレベルにおいて，中学校の 2 年の課題としてはふさわしくないというものであった。

第Ⅳ部　アジア・オセアニアにおける Lesson Study

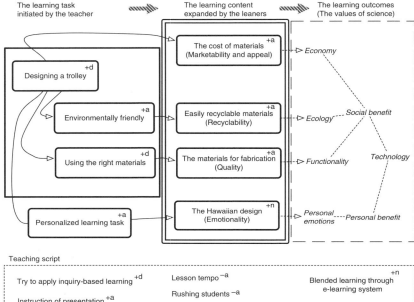

Notes: Japanese lens: +, effectiveness; –, ineffective. Singaporean criticism: a, agree; d, disagree; n, neutral

図8-4　シンガポール理科授業に対する日本とシンガポールの教育者の評価
出典：Sarkar, Arani, Shibata et al. (2014).

　また，図中の下半分の中央列最上部にある「レッスンテンポ」については，日本もシンガポールの教育者とも，速すぎるという否定的な評価であった（-a）。ただし，最下部にある「授業者の発話の量」については，日本の教育者は生徒主体の授業である割に，教師の発言が長いことを否定的に捉えていたが

(-)、シンガポールの教育者たちは、これはシンガポールでは一般的であり、日本の意見に賛同できないという受け止めであった（d）。全体的にみて、総じて日本の教育者は、この授業に対して肯定的であり、シンガポールの教育者のほうが、否定的な評価の項目が多い。理科の概念的な知識を活用するのであれば、より高度な課題がふさわしいと考える傾向が強かった。

8.7　日本とシンガポールの授業研究における交流の展望

以上のように、シンガポールでは知識の習得よりも活用を重視した授業が展開されており、知識の定着はモジュールというICTを活用した宿題で補足していた。21世紀型の学力の追求といった点において、シンガポールが目指す教育と日本が目指す教育は同じ方向を志向しているといえる。ただし、課題解決・達成がより重視される傾向にあるシンガポールと、プロセスに価値を置く日本の違いも浮き彫りになっている。

また、教員同士の学び合いの場であるCommunityは、日本においては授業研究の前提と捉えられているが、シンガポールではむしろ授業研究によって実現が期待されるものとされていると言えよう。

こうした違いはありながら、両国が互いに学びあえるチャンスは多い。比較授業分析が、両国の授業のスタイルの違いを明らかにするのみではなく、それぞれが暗黙の前提としている授業観や暗黙知を顕在化させるきっかけとなり、互いにより深く考察することが期待される。

参考文献

- Fang, Y., and Lee, C. K.-E. (2010) Lesson Study and Instructional Improvement in Singapore, National Institute of Education, Singapore, Research Brief, 10-001.
  http://repository.nie.edu.sg/handle/10497/4436f
- Lee, C. K.-E., and Lim, C. R. (2014) "Exploring the variety and quality in the practice of lesson study in Singapore schools," Peter Dudley (Ed.), *Lesson Study : Professional Learning for Our Time*, Routledge.
- Lewis, C., Perry, R., and Murata, A. (2006) "How should research contribute to instructional improvement ? The case of lesson study," *Educational Researcher*, 35 (3) : 3-14.

Lim, C., Lee, C., Saito, E., and Syed, S. H. (2011) "Taking stock of Lesson Study as a platform for teacher development in Singapore," *Asia-Pacific Journal of Teacher Education,* 39 (4): 353-365.

Lu, P. C., and Lee, P. Y. (2011) "A Singapore case of lesson study," *The Mathematics Educator,* 21 (2): 34-57.

サルカール アラニ・モハメッド レザ（2012）「教員のティーチング・スクリプトに関する研究——中学校理科の授業における「知識の活用」の国際比較授業分析」『中等教育研究部紀要 学校法人名古屋石田学園』4：9-36.

サルカール アラニ・モハメッド レザ，柴田好章（2012）「実践記録・海外の授業記録から——シンガポール中学校1年理科「いろいろな物質」」『考える子ども』347：27-43.

Sarkar Arani, M. R., Shibata, Y., Lee, C. K.-E., Kuno, H., Matoba, M., Lean, F. L., and Yeo, J. (2014) "Reorienting the cultural script of teaching: cross cultural analysis of a science lesson," *International Journal for Lesson and Learning Studies,* Vol. 3, Iss. 3: 215-235.

Stigler, J. and Hiebert, J. (1999) *The Treading Gap : Best Ideas from the World's Teachers for Improving Education in the Classroom,* NY: The Free Press.

Wenger, E. (1998) *Communities of Practice : Learning, Meaning and Identity,* Cambridge: Cambridge University Press.

第9章

オーストラリアの授業研究・授業改善

黒上晴夫・小島亜華里

　オーストラリアのナショナル・カリキュラムは，2008年12月に改訂された。実施は2011年から予定されていたが，2013年度（シドニーのあるニュー・サウス・ウェールズ（NSW）州では2014年度）にずれ込んだ。それまでは，オーストラリア政府が示すカリキュラムに準拠して，各州で独自のカリキュラムで教育が行われてきたが，このナショナル・カリキュラムによって，全国統一のカリキュラムに移行する。ただ，具体的な運用については，まだ各州の独自性が残されている。

　新しいカリキュラムの特徴は，21世紀型学習に焦点が当たっていることである。単なる知識だけではなく，批判的思考や創造的思考などが重視されている。カリキュラムは基礎段階（ファウンデーション）から12年生まで系統的にまとめられていて，中心知識（コア・ナレッジ），理解，スキル，一般能力によって構成されている。

　基礎段階と小学校（10年生まで）のカリキュラムの構造は，大きく3つの概念から成り立っている。1つめが「学習領域（learning areas）」といって，①教育内容を基礎とする領域（discipline-based learning areas），②汎用的能力（genera capabilities），③教科横断的な重要事項（cross-curriculum priorities），の3つの軸から記述されている。教科は，国語，算数（数学），理科，人文社会（歴史，地理，経済・ビジネス，市民），芸術，言語，健康，体育，デザインとテクノロジーの下位領域が設定され，学習内容を基準に到達規準とともに記述されている。汎用的能力は，①読み書き，②計算，③ICTスキル，④批判的・創造的思考力，⑤倫理的行動，⑥個人的・社会的能力，⑦知的理解の7つの能

力として示されている。教科横断的な重要事項は，オーストラリアの地理・歴史的状況を反映して，①アボリジニとトレス海峡諸島の歴史と文化，②アジアおよびアジアとオーストラリアとの関わり，③持続可能性，の3つの下位領域として示されている。

　汎用的能力は，教科内容や教科横断的な学習内容・事項と交差するかたちで示される。すなわち，学習内容を習得すると同時に，どのような能力が身に付くのかが明確にされる。これは，日本で進められつつある学習指導要領の改訂と軌を一にするものである。

　この新しいカリキュラムや21世紀型学習の導入にあたって，さらには加速するICT導入に伴って，当然これまでとは異なる授業内容や教授方法が必要になる。そして，それらに関わる授業改善をめざす，教員の資質向上は重要な問題である。それが授業研究のような校内での取り組みにはあまりならず，教育コンサルタントなどの力を借りた試みをベースにしているように見受けられる。

9.1　オーストラリアにおける授業改善の試み

9.1.1　課題ローテーションによる授業の展開

　メルボルンのある小中高一貫校。6年生の教室である。ベン先生は，スクリーンに映した表に書かれた課題の説明を始めた。クラスは25人で，5つのグループがある。グループのメンバーが表の下に示されている。1コマの授業時間は5つに分割されていて，各時間帯に，課題が1つずつ割り振られている。次の時間帯になると別の課題に取り組むローテーションが，表に示されているのである。

　最初の説明は，「双子・細胞分裂，男と女」と題する資料についてで，「双子がどうしてできるのか，細胞分裂がどのように起こるのかなどが書いてあるので良く読むように」という指示がされた。2つめの課題は，男性と女性について，資料を読んでベン図にまとめることであった。3つめの課題は，「イニシエーション」と題された資料をよく読む課題である。そして最後が，「命のつながりについて調査をして，報告書を書く」という課題についての説明であっ

第9章　オーストラリアの授業研究・授業改善

今週の班のローテーション

活動	グループ1	グループ2	グループ3	グループ4	グループ5
§1	ベン先生 女性の衛生用品について	男性・女性についてのベン図作成	調査報告書を書く	「双子, 細胞分裂, 男性と女性」を読む	「イニシエーション」を読む
§2	「イニシエーション」を読む	ベン先生 女性の衛生用品について	男性・女性についてのベン図作成	調査報告書を書く	「双子, 細胞分裂, 男性と女性」を読む
§3	「双子, 細胞分裂, 男性と女性」を読む	「イニシエーション」を読む	ベン先生 女性の衛生用品について	男性・女性についてのベン図作成	調査報告書を書く
§4	調査報告書を書く	「双子, 細胞分裂, 男性と女性」を読む	「イニシエーション」を読む	ベン先生 女性の衛生用品について	男性・女性についてのベン図作成
§5	男性・女性についてのベン図作成	調査報告書を書く	「双子, 細胞分裂, 男性と女性」を読む	「イニシエーション」を読む	ベン先生 女性の衛生用品について

グループ1：サム，ジャコモ，ヤスミン，ナターシャ，ウィル
グループ2：ネイサン，ジャック，イサベラ，アンナW，マイク
グループ3：ラッヘラン，オリビアK，ジョージK，イゾベルL，ステファンP
グループ4：アンナP，エリザ，マルチェロ，スティーブン，ジェイミーE
グループ5：ラッヘランH，ローラ，マディー，ハナ，ティリー

図9-1　スクリーンに示された課題ローテーション表

た。これら4つの課題は，個別に行われる。そして，5つめの課題は，「女性の衛生用品について」で，科学的な実験を含む。この課題は，ベン先生が中央の丸テーブルで教える。

　これは，「生命の再生」と題する総合的学習の大単元の一環で，この日までに植物の種子が育って実を付け種子ができることや，さまざまな動物が子孫を残す仕組みについて学んでいる。また，人の生殖システムについても学んでいる。

　ベン先生の小グループ授業では，生理の仕組みについての文章を子どもと一緒に読み進めながら，要所で一人一人に複数の衛生用品を観察して比べさせたり，衛生用品に緑色の水を含ませる実験を行ったりして，グループのメンバー全員がわかるように解説する。何かひっかかった子どもは，そのつど質問をす

第Ⅳ部　アジア・オセアニアにおける Lesson Study

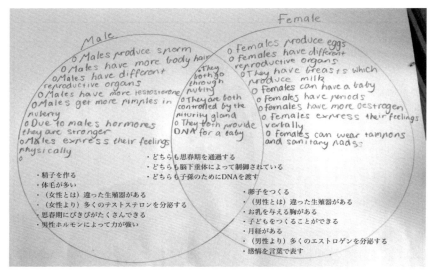

図9-2　男性・女性についてのベン図

るインタラクティブな授業である。

　一方，その他の子どもたちはそれぞれの課題に対して，一人で取り組んだり，話し合いながら取り組んだりしている。「双子，細胞分割，男性女性」の教材は，双子や細胞分割の挿し絵や染色体の写真，子宮のエコー写真などが含まれた1ページ200ワードほどの8ページの文章で，それを熱心に読み進める。「イニシエーション」は，さまざまな種族や宗教における通過儀礼（イニシエーション）について，男女別の風習の違いをまとめた10ページの文章教材である。ベン図のグループは，これまでに学んだことをもとにして，図9-2のようなベン図を作成している。報告書のグループは，一人一人 iPad で検索をして，男性の生殖器について調べて手書きで報告書を作成している。

　このように複数の課題が同時進行で行われ，それをローテーションすることで，教師が直接教える相手が5人になる。5回同じ実験と説明をすることになるが，一人一人と対話しながら授業を進めることができるのである。一方，その他の子どもたちは個別に学習をすすめる。

　このように，オーストラリアの小学校では，課題を個別化して学習をすすめ

ることが非常に多い。計算やスペル，読み，書き（spelling, reading, writing はそれぞれ分かれていて別の時間割で行われる）では2つのクラスを合わせて，進度別のグループをつくった上で，自己学習教材を使って個別に学習を進めたりしている。逆に，日本で行われている一斉形式の授業は，中学校に行かなければ見ることはない。これが，オーストラリアの小学校における授業研究の在り方を決める，最大の要因である。

9.1.2 小学校における授業研究の難しさ

このような形式の授業を成立させる要因には，次のようなものがある。
- 自学できるわかりやすい教材
- 自学する習慣
- 自学の結果をアウトプットする仕組み
- 20分程度で目先が変わるコンパクトさ

教師は，どこかのグループと授業を進める一方で，自学しているグループが何かに困ったら，指示を与える役割も負うている。このような授業のやり方を前提とすると，教師が担当の教室を離れるのはとても難しい。メルボルンにあるケリー・バプティスト小学校のリビー校長を対象に行ったインタビューでも，このことが授業研究の障害として挙げられていた。逆に日本で授業研究が行われるときに，参加する教員のクラスはどうなっているのかを尋ねられ，自習課題を設定することを話すと，それはオーストラリアでは不可能なのだという。教師のいるところで課題に沿って自学することについては，低学年の時から徐々に覚えて行く。しかし，教師が存在しない教室で自学させることは，あり得ないというのが実情である。ここには，アレルギーやアナフィラキシーをもつ子どもに対する保護監督という意味も大きい。したがって，何らかの事情で担当教師が不在の場合，派遣教員を呼ばなければならない。誰かの授業を，他の教員がほぼ全員で参観して協議するという，日本で行われている授業研究は，オーストラリアでは難しいというのである。実際，後述するNSW州における授業研究プロジェクトでは，熱心に取り組む学校に，加配教員を配置する措置

をとった。それでも，全教員で1つの授業を参観するような研究授業は難しい。

とはいえ，オーストラリアでも授業研究や学校改善についての関心は急速に高まっている。喫緊の課題は，2012年から試行的導入が始まった新しいカリキュラムに対応することであった。オーストラリアでは，ナショナル・カリキュラムを受けて，各州でスタンダード・カリキュラムが作成され，さらにそれをもとにして各学校のカリキュラムがつくられるが，この改訂にあたって，国全体のカリキュラムの統一性が高まったといえる。ちなみに，中央政府の直轄地では他の州よりも早く，新しいカリキュラムへの移行が進められた。

9.1.3　小学校改善の事例

オーストラリア北部のダーウィンの近郊に，パルマーストンという町がある。そこにあるグレイ小学校では，オーストラリアの新カリキュラムを導入しながら，マルザーノの教授方略に従った学校改善に取り組んでいる。マルザーノは，次の9つの方略の重要性を提案している（Marzano et al. 2001）。

1. 共通点，相違点を明確にすること：複雑な概念を分かりやすくして単純化できるように，教える内容を共通なものと異なるものに分けて示す。
2. まとめさせノートさせる：深く理解させるために，大事なことをはっきりさせ，それを自分の言葉で表させる。
3. 努力を誉めて認める：努力と成果の関係がわかり，それらが認められることをわからせる。
4. 宿題と練習：想定する学習成果とつながった意図的な宿題を出して練習させる。
5. 非言語的な情報：画像，ピクトグラム，身振りなどを用いて，概念やことばの意味を強調する。
6. 協同的学習：グループをつくって協同的に学習させる。
7. 目標設定とフィードバック：子どもに合わせて目標を設定し，目標に照らしてフィードバックする。
8. 見通しを立てさせ検証させる：子どもに見通しを立てさせてそれを検証させ，結果を説明させる。

9. 質問，ヒント，先行オーガナイザーを与える：既有知識が学習事項とつながるように，質問やヒントや先行オーガナイザーを与える。

ただ新カリキュラムを導入するだけでなく，これらの方略を取り入れることが学校改善の目標になった。学校改善に向けて，校長，副校長，教務主任が改善チームとなった。チームは全教員に，①どのように改善が進んでいるか（現状），②問題点はないか，③何があたりまえになったか，という3つの問いに答えてもらった。このインタビューをもとにして，改善に向かっている教員とそうでない教員を見分け，2人ずつのペアを組んでいった。学校改善の方向性についての共通認識を図り，改善に1人で臨むのではなく協働的に取り組んでもらうためである。さらに，全教員を3つのグループに分け，就学前学年と担任外教育を副校長が，1～2年生の担任を研究主任が，3～6年の担任を校長がアドバイスするするようにした。研究授業は，全員が学期に1度行う。4学期制の1学期は一般的な授業運営について，2学期はリーディング，3学期はライティング，4学期は算数の授業を対象とした。

まず行われたのは，すべての授業で「授業のねらい」を明確にすることであった。教師と子どもの両方が，「授業のねらい」をはっきりいえるようにすることが求められた。マルザーノの項目7である。さらに，その他のすべての項目についても，授業の中で実現することが求められた。

授業研究では，改善チームがすべての教員の授業を分担して観察し，事後に校長を交えて約1時間，アドバイスする時間を設けた。この授業研究では，表9-1に示す共通のフォーマットが用いられた。こうして，授業改善がどのクラスでも同じ方向を向くようにしたのである。また，外部から招聘したコンサルタントもこのセッションに加わり，アドバイスが妥当かどうかについて，コメントして改善チームをサポートするようにした。

この試みの成果は，次のようにまとめられている（Gray Primary School 2013）。
- メンタリングシステムに比べると，授業観察とアドバイスは時間がかかるが，改善に向けた準備となるという共通理解が広まった。
- アドバイスやリフレクション，計画や評価の際に，データを示すように

表9-1 授業検討のためのフォーマット

□何がうまくいったか，なぜうまくいったのか。
□何が難しかったか，それはなぜか。
□成長したところはどこだと考えるか。
□全体的な反省。
□マルザーノの方略について。
□データ（子どもの状況を示すものは何か，どうやって学習状況を把握するか）
□学習（子どもをどう前に進めるか，どんな学習活動を提供するか，子どもはどう情報を扱うか，どう新しい情報を活用するか，授業がうまくいっているかどうかをどうやって判断するか）
□フィードバック（子どもと保護者に何を伝えるか）
□懸念（授業で気になることは何か，それが懸念だという証拠は何か，それに同意するか，気に掛ける価値があるか，懸念を解消するために事前にやったことは何か，その効果はあるか，その懸念がどの子どもに及んでいるか，その子にとって何が必要か，子どものニーズを把握したときどうするのが最もよいかを知っているか，対処法はどのようなものか
□何が変わってきているか
□授業力の自己評価と特別に支援が必要な子どもへの配慮
□授業観察
　①　うまくいっている点
　②　改善が必要な点
□指導の評価（学習して欲しいこと，学習成果に対する責任をどう伝えるか，指導の効果についてどう把握するか，この話し合いで子ども，授業計画，評価，発問，目標，期待について何に気づいたか）
□改善点
□改善の時期

なった。

- 学校改善に向けたアドバイスに，前向きな姿勢が生まれた。
- 学校改善につながる，目的的なアドバイスがされるようになった。

特に，授業についてただ語るような批評をしていた頃に比べると，課題を明確にして，評価をしたりアドバイスをしたりするようになったという最後のポイントは重要である。

9.1.4　中・高等学校改善の事例

NSW州では，2001年に州全体の授業研究の取り組みが開始された。当初3つの中・高等学校で数学の授業に関して試行され，2004年までに200校を越え

る学校に広がったという。7年生から12年生を対象に，年に2回6ヵ月間，地域教育区の数学コンサルタントを招いて，授業研究を行うプログラムである。すべての学校には，以下の改善プロセスが示された

1. 授業研究の目標および各授業の目標を明確にする
2. 授業の実施
3. ふりかえりと評価を行い，授業案を改訂する
4. 改訂された授業案を実施する
5. 1～4のステップを通して授業改善を行う

当初は州政府主導の取り組みであったが，それは2004年に打ち切られる。しかし，その後も自主的な活動として継続している。

授業研究のために，チームが編成された。チームのリーダーは，カリキュラム担当の副校長や学習テクノロジーの担当者がなる場合もあるなど，学校の実情によって変わる。

Samら（2005）が調査した中学校での事例について，紹介しよう。この中学校は都市部にある寄宿制の学校である。授業研究は，数学の授業を対象に行われた。チームのリーダーも数学部長で，数学教員12名で編成されている。

校長は，授業研究はうまくいったという。それはまず，他の教員の授業を参観することがおもしろく，またそこからたくさんの情報を得ることができたからである。2つめの要因は，授業が実社会とつながった体験中心のものになり，それが生徒に受け入れられたことである。そして3つめに，それまで教師の間にあった垣根がなくなったことが挙げられている。

このプログラムは教師に焦点が当たるのではなく，生徒の学習に焦点があたっているということがわかり，怖れるべきものではないということが浸透した。生徒が観察されることを気にしても，それは授業を改善して学習を助けるためだとも説明できた。この結果，プログラムが終了した後も，24の学校（64%）が，授業研究を継続しているという。

プロジェクト全体の評価も行われた（White et al. 2003）。改善リーダーへのインタビュー，教員への質問紙調査の結果が公開されている。2002年の1～2学

期にプログラムに参加した53名の教員に対する事後調査では、授業研究によって授業設計が協働的に行われるようになったと感じた教員が48名（94％），子どもの学習過程についての理解が深まったとする教員が42名（79％）であった。その4ヵ月後にもフォローアップ調査が行われ，32名が回答している。それによれば，全員が，授業参観は他の教員がどのように授業を行っているかを知る機会になるので有用だと回答している。また，よりよい教え方を知ることができたとする教員，内容についてより深く理解できたと感じている教員がともに教員が27名（84％）である。そして，子どもがどのように数学を学ぶのかを深く理解できたとする教員が28名（81％）であった。ところが，同年の3～4学期に参加した教員の反応は，かなり低い。これについて，White らは教員へのインタビューから，提供された授業の内容よりも，授業設計にあてられる時間，教材内容の熟知度などの他の要因が絡んでいるとする。授業研究だけでなく，関連する授業設計や教材研究などの時間や内容を保証することが，授業改善には必要であることが示唆されている。

次の節では，授業設計が実際にどのように行われているか，教材内容や教授法についての各教員の研修がどのように行われているかについて，見てみよう。

9.2　ケリー・バプティスト小学校における授業設計と研修の概要

この項では，メルボルンにあるケリー・バプティスト小学校での授業改善や研修の取り組みに焦点をあてる。ケリー・バプティスト小学校は，メルボルンの郊外にある私立の学校で，小学校（就学前教育および保育園を含む）から高等学校までの一貫教育校である。入学にあたっては，オープンポリシーがとられ，他に入学を待つ希望者がいなければ入学が認められる。

① 指導計画会議

ケリー小学校では，毎学期，子どもの登校日より前にカリキュラム・デイをもつ。そこでは，どのようなスキルに焦点を当てて何を育てるかを検討する。ここで外部講師を招聘して，学校の目標に関わる講話をしてもらう。

通常の授業期間に入ると、週に2時間、学年の指導計画会議をもつ。この2時間は、美術や図書、体育といった担任外の教師が受け持つ授業が連続するよう時間割を組むことで、その学年のクラス担任が全員参加できるように調整している。会議には、担任教師、学年に関わる特別支援教育部の教員、カリキュラム担当の教員が参加し、英語、算数、総合の週案を作成する。州のカリキュラムや前年度の指導計画などを参考に、具体的な教材やワークシート、評価方法や宿題などが決められる。電子ファイルのフォーマットに書き込み、学内のデータバンクにアップロードして記録、共有する。この会議は学年に関わるすべての教員が参加していることから、学年会議としての役割も大きい。時間割調整や学年行事の確認のほか、子どもの実態や保護者対応についての情報も共有される。

　学年会議のほかに、学校全体のカリキュラム会議がある。カリキュラム会議は月に1回、放課後に開催される。主にカリキュラム担当の教員と管理職により運営され、学力テストの結果や新しい取り組みの方針などについて説明する場となっている。全体会議のあとに学年で具体的な議論や作業に入ることもあるため、時間は30分〜2時間とさまざまである。

　学習内容は基本的に総合のテーマを中心に教材が選定される。たとえば、総合のテーマが「成り立ち（Pages in Time）」なら、読み書きは歴史や叙事に関わる文章が教材として選定され、そこに出てくる単語を学習したり、関連した内容を作文したり、算数では年代（事項が起こった西暦）を使って計算したりする。読み書きと算数はワークブックを使った学習も並行することで、学年で達成すべき学習レベルを担保している。

　総合のテーマは、クロスカリキュラムで学ぶべき学習内容として、国や州のカリキュラムで提示されており、それをもとに学校で選定している。年度の初めに学期ごとのテーマを決めるが、学年ごとに数年間、同じテーマを引き継いでいることも多く、年間計画の検討よりは、学期ごとの指導計画や週の指導計画の検討に時間がかけられる。そのため、子どもの実態に合った柔軟な指導が可能になる。また、直近の指導計画を検討できることで、教師は研修などで得た新しい方法や教材を積極的に実践することができる。このように、教科書も

なければ，教科の区切りもないカリキュラムでは，教員に高度な技量が求められる。では，教員の専門性はどのように保証されているのだろうか。

② 教員研修

　研修は，基本的に学校外で開催される研修に申し込んで参加する。教員を対象とした研修はビジネス化されており，講師は大学教員や現職教員，専門家などさまざまである。学校単位で講師を呼ぶこともあるが，相当な費用がかかるため，まれである。教科に関わる研修としては，「算数の見積もり」や「同音異義語の学習」といった，明日にでも使える教材や教授法を紹介する，限定的なテーマのものが比較的多い。ほかに，「iPad の使い方」や「学習障害児への対応」など，さまざまな分野のものがある。こうした研修の案内は州が運営するサイトに掲載されていたり，教員の休憩室に常時貼り出されており，教員は興味のある研修に自主的に申し込み，参加する。しかし，研修への参加そのものは，後述する教員の専門性についてのスタンダード（Professional Standards）によって義務付けられている。スタンダードには 7 つの項目があり，項目はさらに 4 〜 7 つに細分化されている。それぞれの基準内容はキャリアステージに応じて表にまとめられている（Education Services Australia 2011；小柳 2014）。

　私立校では，国が定めるこのスタンダードをもとに，学校独自のものを作成して取り組んでいる。独自に作成した表では，基準内容のほかに，レベルを証明するもの（evidence）としてレポートの提出や共通テストの分析などを求める具体的な記述がある。このような厳格なスタンダードを設ける一方で，参加回数や研修時間などがポイントに換算され，給与に反映する制度を設けてもいる。基本的に研修の参加費は有料で，高額なものも少なくない。私立校では，研修の参加費を学校が全額負担していることが多く，あわせて研修内容の報告や校内での実施，共有を義務付けている。

　研修は半日コースから，数日間の連続コース，週に 1 回の全 4 回コースなど幅広い。また，形式もワークショップが中心のものもあれば，自身の授業記録を持ち寄って議論するもののほか，オンライン研修もある。対面式の研修は平日に開催されるものも多い。研修に参加するとなると，教師は学校を休まなけ

ればならない。それを可能にしているのが，教員バンクからの派遣教員による補填制度である。教員バンクには，新卒や転職による教職経験のない教員だけでなく，子育て等の理由でフルタイムでは働けない，働きたくないという教員が登録している。研修だけでなく，病気など教員の急な欠勤にも，この制度で対応している。このように，教師が学び続けなければならない状況と学び続けることができる環境が，制度として整えられているのである。

③ 教師のキャリアアップ

　オーストラリアでは，教師は公立校と私立校の隔たりなく，教師の意思で勤務校を変えられる。私立校と公立校の行き来も問題にならない。つまり，教師は自分の働きたい学校で働くことができる。しかし，採用に任期が付いていることも多い。学校の理念に沿わなかったり，学校が求める要求を達成できなければ留まることも難しくなる。この制度によって，学校の質や理念が維持されている。そして，教師にとっては，有名校で働くことはステータスとなり，管理職になること以外のキャリアアップの可能性が生まれるのである。また，オーストラリアには原則的に定年制度がなく，教師という仕事も例外ではない。実際，60歳を過ぎても担任をもっていることがある。

④ 特別支援教育部

　担任以外の働き方の一つに，学習支援の必要な子どもを指導する教員としての働き方がある。そうした教員が所属するのが，特別支援教育部である。発達障害や学習障害の子どもだけでなく，「苦手」も含め，特定の教科の授業の際に取り出して，一対一や少人数で指導する。この部署の教員は基本的に学習面での指導を担当するが，子どもの障害の種類によっては，専門家を呼んで専門的なトレーニングを受けることもある。そうした専門家との連携も含め，支援の必要な子どもの指導を統括している。さらに，この部署では補助教員（Teacher's Aide）との連携も担当している。補助教員は学校単位で雇用していて，教員資格をもっていないこともある。基本的にパートタイムで勤務しており，他校と兼任していることもある。補助教員は支援の必要な特定の子ども

に付いて，クラスでの授業のなかで支援することが主である。このように，特別支援教育部が管轄している範囲は広く，一つの部署として成立するほど重要な役割を担っている。そのため，所属する教員のほとんどが特別支援教育に関する修士号をもっている。

　この部署に重きが置かれる背景には，多民族国家という社会性が大きく関わっている。教室の中にも，さまざまな文化をもった子どもが存在する。家に帰れば，誰も英語を話さないという家庭もある。そんな子どもらを前に，授業を一斉に進めようにも，進められないのである。また，近年，学習障害をもった子どもの数が増加傾向にある。学校生活の中でその傾向が発見されることも少なくない。担任教師だけでなく，複数の目で子どもの様子を慎重に観察することが重要になってくる。しかし，実際は保護者もすぐには受け入れられないことがほとんどである。そこで導入されているのが，テストなど，外部機関による調査である。原則的に保護者との合意は調査結果をもとに形成される。こうして，支援が必要な子どもは適切な指導が受けられる仕組みになっている。

　特別支援教育部は私立校の方が充実していることが多い。オーストラリアではオープンポリシーのもと，私立校でも学力試験による入学選考を設けていない学校が多い。そのためさまざまな子どもが受け入れられている。その結果，私立校でも特別支援教育が重要であるし，人的・金銭的リソースの関係で公立校よりも充実した教育が行われることになる。支援の必要な子どもは，公立校より手厚い支援を受けられるということで，私立校への入学を希望する保護者も増えてきている。公立校では国の補助制度を利用することができるが，支援内容に限りがある。学校外で専門家のトレーニングを受けたりするとなると，その分は自己負担である。一方，私立校では特別支援教育を受けるための追加費用を設けていないことが多い。そのため，公立校に通って追加の支援を受けるより，私立校で学費を払う方が，金銭的負担が少ないということがあり得るのである。いずれにせよ，教育現場では子どもの多様性に対応することへの意識は高いといえる。多様性を受け入れ，学校生活をともにすることこそが社会で生きるための学びなのである。日本でも，学習障害をもつ子どもや外国語を母語とする子どもの数は増加傾向にある。そうした子どもへの支援体制を整え

ることは，対象となる子どもを支援するだけでなく，ともに学ぶ子どもの学びにつながるということをオーストラリアの実践から知ることができる。

9.3　学外研修の実際

　学校を越えて授業改善に取り組む試み，イサカ・プロジェクトについて紹介する。これは，教育コンサルタントであるラントフォークト（Landvogt）らによってメルボルンで実施されたもので，2004年～2009年にわたって行われた。プロジェクトのテーマは，知的性向（prepositions）であり（Ritchhart 2001），その育成を求める長い道のりを旅に喩えて，カヴァフィ（Cavafy, C.）の「イサカ（ニューヨーク州中部の都市Ithaka）」という詩から命名された。毎月定期的にもたれる会合では，カリキュラム，授業，評価についての検討を行う。この会合には，メルボルンのさまざまな学校から教師が参加し，朝の7時30分に開始され，次の流れで検討が行われる。

　　7時15分～30分　〈朝食〉
　　7時30分～8時　〈談話〉
　　　授業に直接関係しないが指導と学習に関する事柄について語り合う。
　　　年度末までメンバーを固定したグループを作り，各自何か文献を持ち寄って話し合う。
　　　司会者は会合ごとに変わる。
　　　話し合いでは，4Csという思考ルーチンを用いる。
　　8時～15分　〈私の学校で〉
　　　研修，カリキュラム，評価，教育技術の開発がどのように行われているかについての報告。
　　　報告についての検討事項と複数の関連文献は事前に知らされる。
　　　参加者は，少なくともどれかを読んでおく。
　　8時15分～45分　〈質疑〉
　　　文献についてのものも含めて，重要だと考えられる疑問をあげる。
　　　思考ルーチンのCECを用いて報告についての考えを深める。

カリキュラム，評価，研修を，どのように発展させられるか検討する。
8時45分～9時　〈予告〉
次の会合についての予告をする。
実践について「何を考えてくるか」決め，文献が紹介される。
その日の話し合いの役立て方と実現方法について，数分間話し合う。

この会合の後，参加者はそれぞれの学校に戻る。この時間帯に研修を行うことで，雑事に妨げられずに検討を深めることができる。多くの教師は，学校にいると研究時間が取れないという。しかし，この研修では，実践と文献をつなぐ深い検討が可能になる。もちろん，この研修の間，それぞれの学校では派遣教員が学級をみることになる。

9.4　教員の専門性についてのスタンダード

オーストラリアでは，「授業とスクールリーダーシップに関するオーストラリア研究所」が，教員全は以下の7つの項目で構成され，それぞれに対して，初任〔養成終了直後・新任〕，中堅〔教体の資質・能力の向上と査定のために，その専門性についての規準をキャリアステージ別に表した規準表（スタンダード）を公開した（Education Services Australia 2011）。スタンダード教員一般（正規）〕，熟練〔熟達教員〕，リーダー〔指導的立場に立つ教員〕のキャリアステージごとに，どのような職能が期待されるか明記されている。[(2)]

1. 子どもについて，子どもの学び方〔児童生徒を知る，また彼らがどのように学ぶかを知る〕
2. 教授内容の知識と教え方〔内容とその教え方を知る〕
3. 効果的な指導の計画と実施〔効果的な授業の計画と遂行〕
4. 支援的で安心して学べる学習環境の構成と維持〔支援的で安全な学習環境を作り支援する〕
5. 評価，フィードバックの返し方，報告〔評価情報を集め，フィードバックを提供し，子ども(ママ)学習状況を報告する〕

6. 教職研修への取り組み〔専門性を高める学びに従事する〕
7. 同僚，保護者，地域との教員としての接し方〔同僚・保護者・地域に専門性をもって関わる〕

　スタンダードが策定された意図について，小柳（2014）には「教員として専門性を磨いていく際に，見通しと現在の力量の振り返りなどを促す必要があった。時間的経過を示しているように見えるが，そこには個人差や地域差，学校種によっても異なる力量が求められることもある。オーストラリアのように広大で様々立地や規模にある学校では，地域情報が当然考慮される。しかし共通に成長の見通しと振り返りの指標をある程度共有する必要があった」というインタビュー結果が示されている。
　英米，カナダなどと同じく，オーストラリアでも各所にスタンダードやルーブリックが多用されている。教育目標や学習目標についてのルーブリックは，子どもや保護者にも共有され，学習評価やそれに基づく懇談のときに活用されるだけでなく，子どもの学習目標を具体的に示して成果を向上させる機能をもっている。同様に，教員を対象としたスタンダードも，教員評価のための基準としてだけではなく，教員が自身の資質を向上させる目標として公開されていると考えて良い。そしてそれが授業改善をうながすのは，先述したとおり，給与や昇進につながるしくみがあるからである。
　教師の力量の査定においては，年度に1度，そのために準備された授業を実施し，それを同僚や管理職が観察して，授業の焦点がずれていなかったか，学校の教育目標に沿った内容だったかなどを評価する。目的が査定なので，授業研究とは意味合いが異なる。それ以外に，学校外で行われる研修やセミナーの受講証も重要な査定資料となる。キャリアアップのためのこのような制度は，しかし一方で，新しい知識を取り入れたり，それを継続的に実践したりすることにつながる。ある意味，日本の授業研究よりも，目的がはっきりし，学校の教育目標と連動して授業改善の焦点が絞られるという側面が強いと考えられる。
　現在，日本でも教員の資質・能力の基準化が進められようとしているが，それがどのような意味をもつかには，関心を寄せていく必要がある。

以下，小柳（2014）で訳されていない，オーストラリアの教員の専門性についてのスタンダードの邦訳を試みた。資料として記載する。

〈資料〉
2．教授内容の知識と教え方

領域	初任	中堅	熟練	リーダー
2.1 指導内容と指導方法	学習内容と指導方法の概念，事例，構造についての知識・理解を示す。	学習内容と指導方法についての知識を活用して，魅力的な学習活動を開発する。	学習内容と指導方法についての現在の知識や総合的な知識を活用して，魅力的な指導・学習プログラムを開発するため同僚をサポートする。	学習内容や指導方法の知識を校内で評価するのを主導し，データに基づいた効果的な指導・学習プログラムの模範を示す。
2.2 内容の選択と系列化	内容を効果的な指導・学習の系列に整理する。	学習内容をうまく並べて一貫した学習・指導プログラムをつくる。	学習内容の選択と整理の仕方や指導・学習プログラムにおいて革新的である。	内容に関する総合的な知識を活用して，学習内容を選択して一貫した指導・学習プログラムをつくるのを主導する。
2.3 カリキュラム，評価，報告	カリキュラム，評価，報告についての知識を活用して，学習の流れを設計し，指導案を書く。	カリキュラム，評価，報告に何が必要かを考えて，指導・学習プログラムを作って実施する。	現有知識，カリキュラム，評価，報告の理解に基づいて，同僚が指導・学習プログラムを計画・実施するのをサポートする。	カリキュラム，評価，報告についての総合的な知識を用いて，同僚が指導・学習プログラムを開発するのを主導する。
2.4 先住民と非先住民の共生の為のアボリジニ，トレス海峡諸島に対する理解と尊重	アボリジニ，トレス海峡諸島の歴史，文化，言語について幅広い知識と尊敬の念を示す。	アボリジニ，トレス海峡諸島の歴史，文化，言語について理解・尊重させる機会をつくる。	同僚が，アボリジニ，トレス海峡諸島の歴史，文化，言語について理解・尊重するのをサポートする。	同僚が，アボリジニ，トレス海峡諸島の歴史，文化，言語について理解・尊重する機会をつくるよう主導する。
2.5 読み書き計算の指導方法	読み書き計算の指導方法についての理解を示す。	読み書き計算の成績を向上させるために，効果的な指導方法についての知識を活用する。	読み書き計算の成績を向上させる効果的な指導方法を，同僚が実施するのをサポートする。	読み書き計算の成績を向上させるために，その指導方法を，データに基づいてモニターし評価する。
2.6 ICT	学習内容を広げるためにICTを用いる指導方法を実施する。	指導・学習プログラムにICTを効果的に組み込んで，学習内容を有意味なものにする。	高度な知識とスキルの模範を示して同僚と協働し，ICTを用いて授業を改善し，学習内容を有意味なものにする。	ICTを用いた効果的な指導方法を選んで実施し，すべての子どもの学習機会と内容知識を広げるために，同僚を主導しサポートする。

3. 効果的な指導の計画と実施

領域	初任	中堅	熟練	リーダー
3.1 難しい学習目標の設定	多様な子どもが達成できる学習目標を設定する。	難易度の異なる明確な学習目標を設定する。	難しい学習目標を設定して規準を示し、高いレベルをねらう文化を形成する。	高いレベルの見本やその実践のモデルを示し、あらゆる場面で、同僚が子どもに難しい学習目標を目指させるのを主導する。
3.2 指導・学習プログラムの計画、構成、系列化	子どもの学習、内容、効果的な指導方法についての知識を活用して授業の流れを計画する。	子どもを引きつけ学習を促す、うまく系列化された指導・学習プログラムや一連の授業を計画・実施する。	同僚と協働で、すべての子どもを引きつける創造的学習環境を生み出すべく、指導・学習プログラムを計画・評価・改善する。	子どもの知識、理解、スキルを高める指導・学習プログラムの実践モデルを示し、同僚が計画・実施・評価するのを主導する。
3.3 指導方法の活用	多様な指導方法をもつ。	知識、スキル、問題解決力、批判的・創造的思考力のそれぞれに対応した指導方法を選んで用いる。	知識、スキル、問題解決力、批判的・創造的思考力を育てる効果的な指導方法を、同僚が選んで用いるのをサポートする。	子どもの知識、スキル、問題解決力、批判的・創造的思考力を育成するための指導方法を、同僚と協働して評価、修正し、レパートリーを拡張する。
3.4 リソースの選択と活用	ICTを含む多様で魅力的な情報源について知っている。	ICTを含む多様で魅力的な情報源を選んだりつくったり活用したりする。	ICTを含む幅広い魅力的な情報源を、同僚が選んだりつくったり活用したりするのを助ける。	ICTを含む情報源を選んだりつくったり評価する模範を示して同僚を主導し、学校内外で行われるようにする。
3.5 効果的な学級コミュニケーション	多様な言語・非言語コミュニケーションを用いて子どもに一生懸命取り組ませる。	子どもに一生懸命取り組ませ、理解を深め、成果をあげるために、効果的な言語・非言語のコミュニケーションを行う。	子どもに一生懸命取り組ませ、理解を深め、成果をあげるために、同僚が多様な言語・非言語のコミュニケーションの方法を選択するのを助ける。	子どもに一生懸命取り組ませ、理解を深め、成果をあげるために、言語・非言語のコミュニケーションによる協働的な学習方略や必要となる文脈的な知識の模範を示す。
3.6 指導プログラムの評価と改善	指導プログラムを評価・改善して学習を改善する方法についての幅広い知識を示す。	子どもからのフィードバック、評価データを含む証拠を用いて、自分の指導・学習プログラムを評価し、指導計画に反映させる。	子どもからのフィードバックと評価データ、カリキュラムについての知識、実践的知識を用いて、指導・学習プログラムの現状を、同僚と協働的に評価する。	子どもの評価データ指導計画、研究授業、保護者・子ども・同僚からのフィードバックなどの多様な証拠を用いて、指導・学習プログラムの日常的な評価を行う。
3.7 保護者の教育的関わりの誘い	保護者を教育活動に巻き込む多様な方法を知っている。	子どもの学習に保護者をうまく関与させる自然で適切な機会を計画する。	子どもの学習の流れに保護者が適切に関わる機会を、同僚と協働してつくる。	自分の子どもの教育や学校の重点事項・活動に保護者を関与させる自然なプロセスを導入する。

4. 支援的で安心して学べる学習環境の構成と維持

領　域	初　任	中　堅	熟　練	リーダー
4.1 子どもを参加させる	子どもが学級での活動に参加し一生懸命取り組むのを支援する方法をはっきり示す。	すべての子どもを学級での活動に取り組ませ支援する積極的なやりとりの仕方を確立し実施する。	すべての子どもを学級での活動に取り組ませ支援する効果的な方法を示し，同僚が実施するのをサポートする。	すべての子どもを一生懸命にさせ支援する方法を評価し，新しい方法を開発する。
4.2 学習活動をしくむ	学級での活動を系統立てて明確な方向性を示す能力を示す。	子どもが学習に向かう環境をつくるために，実効性のあるルーチンをつくり，きちんと維持する。	すべての子どもが確実に目的をもって活動に取り組めるように，柔軟な学級経営方法のモデルを示し，同僚に伝える。	効果的な学級経営方法を取り入れ，子どもに自律的に学習に取り組ませることを主導する。
4.3 問題行動に対応させる	問題行動に対処する実際的な方法についての知識を示す。	子どもへの期待を明確に示して問題行動に対処し，しつけの問題に迅速に適切に丁寧に取り組む。	現場経験と専門知識を活用して，行動に対処する柔軟な方法を開発し同僚に伝える。	同僚の対処方法の幅を広げるために，行動管理対策を立てるのを主導し，実施する。
4.4 子どもの安全を保つ	学校や組織，カリキュラム，就業規則の範囲で，子どもに安心して安全に過ごせる方法を示す。	学校や組織，カリキュラム，就業規則の範囲で，子どもが安心して過ごせるようにする。	子どもの安全・安心を守るために，学校や組織，カリキュラム，就業規則をつくり確実に実施する。	学校や組織，カリキュラムや就業規則に照らして，子どもの安全・安心策の効果を評価し，同僚がよりよく働けるように助ける。
4.5 安全に責任感を持って倫理的にICTを使う	安全に責任感をもって倫理的にICTを用いた学習・指導を行うことに関連した実行可能な方法を理解している。	安全に責任感をもって倫理的にICTを用いた学習・指導を行うための方法を実施する。	安全に責任感をもって倫理的にICTを用いた学習・指導を行うモデルを示し，同僚をサポートする。	安全に責任感をもって倫理的にICTを用いた学習・指導を行うための新しい施策を評価したり実施したりする。

7. 同僚，保護者，地域との教員としての接し方

領域	初任	中堅	熟練	リーダー
7.1 教員としての倫理と責任の遂行	教員の倫理規範の主要概念を理解・適用し，実行する。	監督庁，組織，学校によって定められた倫理規範や運営方法を満たす。	高い倫理水準を保ち，同僚が倫理規範を理解し，学校やコミュニティにおいて正しく判断するようにサポートする。	倫理的行動の例を示し，情報に基づいて，子ども，同僚，コミュニティに関する判断を行う。
7.2 法律上，学校経営上，教員組織上の要件の遵守	学校の状況に応じて教員に求められる法律上，学校経営上，教員組織上の方針や運営方法を理解する。	関連する法律上，学校経営上，教員組織上の要件，方針，プロセスを満たし遵守することを理解する。	同僚が法律上，学校経営上，教員組織上の要件，方針，プロセスを読み，解釈するのをサポートする。	同僚が現行のあるいは新しい法律上，学校経営上，教員組織上の責任を全うするのをサポートする妥当な方針や方法を先導し，開発し，実行する。
7.3 保護者との協働	親や保護者と，すばやく自信をもって効果的に協働する方法について理解する。	親や保護者に対して，子どもの学習と生活に責任をもつ協働的な関係をつくり維持する。	親や保護者と，子どもの学習と生活について，あらゆるコミュニケーションを通じて対応する。	親や保護者が，子どもの学習成果の向上および学校の教育的取り組みに関わる機会をとらえ，先導的に実行する。
7.4 教員同士のネットワークやより広いコミュニティとの協働	教員としてあるいはコミュニティの代表としての役割が，教員としての知識と経験を広げることを理解している。	教員同士やコミュニティーのネットワークに参加し，知識を広げ，実践を改善しようとしている。	教授・学習を改善するために，教員同士のネットワークや研究会に参加し，より広いコミュニティとの関係を築いている。	教員やコミュニティのネットワークでリーダー的役割を担い，同僚が学校外で学ぶ機会を作っている。

注

(1) 思考ルーチン：思考をうながし理解を深めるために開発された，質問や活動の手順。4Cs（Connections, Challenge, Concepts, Changes）は，複雑な文の要点について話し合うための，文章読解のルーチン。長い文章や本を対象として，①関連づけ，②重要な概念の明確化，③質問，④考えの変化，という流れで意見を表明する。CEC（Connect-Extend-Challenge）は，新しい情報に出会ったときに用いる，知識の総合化のルーチン。①関連づける，②新しい情報の明確化，③質問，という流れで意見を表明する。(Ron Richhart 2011)

(2) Professional standards の開発コンセプトや運用方法については，小柳（2014）に詳しいのでそちらを参照されたい。なお，用語や記述について，本章では元文献から独自に訳出しているが，小柳の訳も〔 〕内に示している。

参考文献

Education Services Australia (2011) National Professional Standards for Teachers. Australian

Institute for Teaching and School Leadership.

Gray Primary Schol (2013) Coaching and Mentoring Conversations for School Improvement; CASE STUDY - Coaching for implementing the Australian Curriculum. https://www.cdu.edu.au/sites/default/files/csl/docs/gray-case-study.pdf（2015.10参照）

Ithaka Project
http://ithakaprojecthistory.pbworks.com/w/page/39908192/BFG（2015.11参照）

Marzano R. J., Pickering D. J., & Pollock J. E., (2001) Classroom instruction that works. Association for Supervision and Curriculum Development. 1703 N. Beauregard St. Alexandria, VA 22311-1714.

小柳和喜雄（2014）「オーストラリアにおけるProfessional Standardsの開発と運用の動向，教職大学院研究紀要」『学校教育実践研究』6：59-65.

Ritchhart, R. (2001) *The Power of the Creative Classroom : An Educator's Guide for Exploring Creative Teaching and Learning*, Disney Learning Partnership.

Ritchhart, R., Church, M., Morrison, K. (2011) *Making Thinking Visible : How to Promote Engagement, Understanding, and Independence for All Learners*, Jossey-Bass Teacher.（黒上晴夫・小島亜華里（訳）（2015）『子どもの思考が見える21のルーチン――アクティブな学びを作る』北大路書房．)

Sam, L. C., White, L. A. & Mon, C. C. (2005) "Promoting Mathematics Teacher Collaboration through Lesson Study: What Can We Learn from Two Countries' Experience ?" In Proceedings of The Mathematics Education into 21st Century Project "Reform, Revolution and Paradigm Shifts in Mathematics Education" Nov. 25th- Dec 1st 2005.

White, A. L. & Southwell, B. (2003) "Lesson Study : A Model of Professional Development for Teachers of Mathematics in Years 7 to 12," In Proceedings of the w65h Annual Conference of the Mathematics Education Research Group of Australia 2: 744-751, Geelong, Australia ; Deakin University.

第Ⅴ部
Lesson Study のパースペクティブ

第10章

Lesson Study と教育工学の接点

姫野完治

10.1 日本の学校で育まれてきた校内研究の文化

　日本の学校現場には，古くから教師同士が協働で授業を研究する文化がある。ベテラン教師の技術は，経験と勘に支えられた名人芸といわれ，その技や知恵は暗黙的で伝承が難しいとされてきた。そこで，教師同士の教え合いや学び合いによって，徒弟的に学ぶ環境をつくり，ベテラン教師の巧みな技を伝えてきたのである。このような授業研究の文化に諸外国からの注目が集まり，現在はLesson Study と呼ばれて世界各国で実践されるようになった。本章では，現在世界中で推進されている Lesson Study が日本で育まれた背景を探索するとともに，教育工学との接点について考えていきたい。

　日本において現在のような学校制度が設けられたのは，1872（明治5）年の学制が起点であり，ほぼ時を同じくして，学校における授業研究が開始された。秋田（2012）は，諸外国の学校や教師文化との比較をもとに，日本の教育現場で授業研究が行われてきた背景を5つにまとめている。1つめは，教師が教科や学年を超えて集まる職員室が存在していること，2つめは，小学校では，多くの教師が全学年を担任するため，教職経験を共有できること，3つめは，全国で使用する教科書が整備され，授業の基本イメージが共有できること，4つめは，学習指導案など授業研究を支える道具が工夫され，受け継がれていること，そして5つめは，授業を語る言葉や概念，語りの様式が成立し，教師の思考や授業の見方，言語化を支えていることである。

　学校を取り巻く状況と授業研究，教師教育の変遷について，姫野ら（2016）が整理しているように（表10-1），学校内で教師が授業を参観したり協議した

りすることは，明治期から授業批評会という名で存在していた。しかし，その形式は一律ではなく，カリキュラム開発が主だった時期もあれば，新しい教科の導入に伴う教材研究が主だった時期もある。最近では，ワークショップ型や子どもの学びを語り合う方法なども開発されている。地域や学校によって様相は異なり，学校が発刊している研究紀要には，学校独自の歴史が刻まれている。このように学校における授業研究は，時代や地域によって異なり，佐藤(2008)が指摘するように，日本の学校で行われてきた授業研究を一言で定義づけることは困難である。

一方，諸外国で広まっている「Lesson Study」という呼称は，ジェームス・スティグラーら(1999)による著書"*The Teaching Gap*"において，日本式の授業改善アプローチとして取り上げたことに端を発する。この経緯はこれまでの章で詳述しているため割愛するが，同書では日本における「kounaikenshuu（校内研修）」の最も共通する構成要素の一つとしてLesson Study（授業研究）が紹介され，その典型的な8段階が示されている（表10-2）。たしかに，このような流れで研究を進める場合もあるが，すべての校内研究が同じ形式というわけではない。すなわち，世界中にLesson Studyとして広まっている日本の授業研究モデルは，実際に日本の学校で行われているものと比べて，狭い範囲に捉えられている傾向がある。

本章では「Lesson Study」と「校内研究」という用語を区別して用いる。スティグラーらが示したような狭義の意味で用いる場合は「Lesson Study」を，日本の学校において行われている多様な授業研究を指す場合は「校内研究」を使用する。また，学校における授業研究については，校内研究，校内研修，校内授業研究，事後検討会，協議会，研究授業，公開研究といったさまざまな呼称がある。「研修」は，「研究」と「修養」を含意する用語ではあるが，どちらかというと制度化されたものとして捉えられる傾向がある。しかし，本来の学校における授業研究は，教師や教師集団による自律的な研究であったことを鑑み，「研修」を組み込んで一般化されている用語を除いて「校内研究」と表記する。

第Ⅴ部　Lesson Study のパースペクティブ

表10-1　学校を取り巻く状況と授業研究・教師教育の変遷

時期	学校の状況と校内研究	授業研究の歩み	教師教育の歩み
1870年代～1945年頃	**学校の誕生と制度化** **教育制度の確立**：学制，教育令，改正教育令，小学校教則大綱，学校令，教育勅語 **自由教育運動とカリキュラム開発**：成城小学校，奈良女高師附小，生活綴方教育	**授業研究の創始** **授業研究の創始**：授業批評会，授業研究方法の定型化 **児童を中心とした新教育の実践**：沢柳政太郎，芦田恵之助，及川平治，木下竹次，手塚岸衛	**教師の確保と定式化** **養成制度の整備**：小学校教則綱領，小学校教員心得，師範学校教則大綱，師範学校令，教員免許制度の成立 **授業の定式化と伝習**：小学教師必携，改正教授術
1945年頃～1960年頃	**戦後新教育の創造** **教育制度の再構築**：米国教育使節団報告書，教育基本法，学習指導要領（試案），黒ぬり教科書，教科書検定**学校教育の量的拡大**：教育爆発	**自由化と拘束化** **経験主義のカリキュラム研究**：コア・カリキュラム **授業実践の理論化**：斎藤喜博，東井義雄，大村はま **民間教育運動**：教材の自主編成，教育研究全国集会	**教師の確保と高度化** **教員養成の高度化**：大学による教員養成，開放制，課程認定制度 **教師の量的確保**：暫定資格のみの教師の再教育，教師不足とデモシカ教師
1960年頃～1975年頃	**教育の現代化** **教育の現代化・効率化・システム化**：テクノロジー・教育メディアの活用 **教育に関わる闘争**：勤務評定，学力テスト，教職員組合運動，授業研究論争	**教育の科学化** **行動科学的な分析**：教育目標の分類学，相互作用分析，プロトコルアプローチ **研究者と教師の共同研究**：教育科学研究会，全国授業研究協議会	**教師の地位向上と効率化** **教員養成改革**：目的養成化 **授業研究と教師教育**：教授スキルの解明とマイクロティーチング，CBTE **教師の役割と地位**：UNESCO勧告
1975年頃～1990年頃	**教育荒廃と管理強化** **学校の荒れ**：校内暴力，いじめ，不登校 **臨時教育審議会**：個性重視，国際化，情報化，生涯学習 **新学力観とゆとり教育**：週5日制，絶対評価，支援	**実践知の解明と一般化** **認知科学的な分析**：教師の意思決定，知識・信念，リフレクション **民間教育団体**：教育技術の法則化運動，授業づくりネットワーク	**研修制度の充実** **行政研修の制度化**：初任者研修，生涯学習体系，教員研修センター，新構想大学 **教員免許法の改正**：教育実習期間延長，事前事後指導，教職科目の増加
1990年頃～2005年頃	**新学力観と学力低下論争** **教科再編**：生活科，総合的な学習の時間，教科「情報」 **授業崩壊**：小1プロブレム，中1ギャップ学力の国際比較：TIMMS，PISA，低い学習意欲	**実践知の伝承と組織化** **授業改善と省察**：リフレクション，質的研究 **授業研究と教師教育の接続**：Teaching Gap 発刊，校内研究（Lesson Study），メンタリング，協調学習	**教師教育改革の強化** **大学における教員養成の意義**：モデル・コア・カリキュラム，理論と実践の往還 **研修強化**：10年経験者研修 **教師像の転換**：反省的実践家，Teacher as Researcher
2005年頃～	**教育の世界標準化** **学力から能力へ**：コンピテンシー，21世紀型能力 **情報化・国際化**：反転授業，情報モラル，小学校英語 **学校制度の見直し**：6・3・3制，道徳の教科化，公共	**授業改善の持続性** **授業改善と学校文化**：PLC（Professional Learning Community），組織文化 **校内研究の定型化**：ワークショップ型，デザイン研究 **国際協力**：開発教育	**実職化と実質化** **教職の高度化**：教員免許更新制度，教職大学院 **質保証**：スタンダード，教職実践演習，履修カルテ **教員環境の国際比較**：TALIS 調査

出典：姫野ほか（2016）

表10-2　Lesson Study の流れ

第1次：問題の明確化
第2次：学習指導案の立案
第3次：授業の演じ（事前授業研究）
第4次：授業評価とその効果の反省
第5次：授業の改訂
第6次：改訂版学習指導案による授業の演じ（校内授業研究）
第7次：再度の授業評価と反省
第8次：結果の共有

出典：湊三郎訳（2002）をもとに筆者がまとめた。

10.2　Lesson Studyに関連する諸領域の研究

　学校における授業研究は非常に長い歴史をもつが，校内研究そのものに焦点をあてた研究は，それほど古くから行われてきたわけではない。もちろん，特定の教師や学級を対象とした授業研究は膨大に蓄積されている。また，教師や学校の文化，行動様式を解明しようとした研究，諸外国の知見をふまえた学校改善や校長のリーダーシップのあり方を探索する研究も数多く行われてきた。しかし，日本の学校という場において，当該校に所属している教師が集まって行う授業研究が，教師の成長・発達にどのように寄与しているのか，そこでの効果的な校内研究のあり方が検討されるようになったのは，社会的構成主義や状況的学習論，反省的実践家の概念が広まり，教師の学習（Teacher Learning）に関心が集まり始めた1980年代後半からといえる。

　このように校内研究に関する研究の歴史は浅いものの，30年余りで急速に進展してきている。とりわけ，Lesson Study に関する国際学会 WALS（The World Association of Lesson Study）が2006年に設立されてからは，国や学問領域を横断する形で研究が推進されている。吉崎（2012b）は，WALS 2010での研究発表内容をもとに，WALS で取り組まれている研究テーマを授業研究，教師の専門性開発，学習研究，カリキュラム研究に大別している。一方，ウルフら（2008）は，Lesson Study への研究アプローチを，過程-結果アプローチ，認知的アプローチ，社会文化的アプローチ，社会言語学的談話分析アプローチ，

エスノグラフィーアプローチ，批判的（社会的）アプローチ，記述的アプローチ，教師研究アプローチの8つに分けてモデル化している。このことからも，多様なテーマに対して，多面的にアプローチされていることがわかる。とはいえ，ウルフらの図式は，スティグラーらによる狭義の捉え方にもとづくものであり，研究授業と事後検討会を分析するための方法論に特化されている傾向がある。

　日本の学校で行われる校内研究は，研究授業と事後検討会だけで構成されるわけではない。たとえば，学習指導要領の改訂に伴って，学校内でカリキュラムや授業づくりに関する研究を行うこともある。ICT活用を促進するために，電子黒板やタブレットパソコンの使い方講座を行ったり，学力向上に向けて全国学力・学習状況調査の結果からわかることを読み解くような研究会も推進されている。そのため，校内研究に関する研究も，研究授業と事後検討会の分析だけではない。日本において積み重ねられてきた校内研究，および校内研究の研究の多様性をふまえ，図10-1を作成した。昨今盛んに行われているLesson Studyの研究は，この図の網掛け部分に焦点を当てた研究と捉えられる。

10.3　なぜLesson Studyに関心が集まってきたのか

10.3.1　授業研究から教師の知識，そして教師コミュニティへ

　教育の現代化が目指された1960年代から1970年代は，効率よく教育を行うため，教師の教授スキルに注目が集まった。工学的な観点からの定量的・客観的な分析や，教授・訓練に主眼を置いた研究が推進された。しかし，種々の教授スキルが解明されたところで，授業の特定場面で教師がとった行動の理由が明らかになったわけではなく，教師の状況認知や判断はブラックボックスのままであった。

　1980年代以降に発展した教師の知識に関する研究は，「教師が何を知るべきか」ではなく，「教師は何を知っているのか」という実践の文脈に根ざした研究として展開された。教師研究における視点の変化を図10-2に示す。

第10章 Lesson Study と教育工学の接点

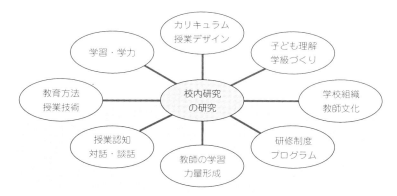

図 10 - 1　校内研究と Lesson Study に関する研究の俯瞰図

　教師の知識研究がまず焦点を当てたのが，教授スキルを用いる背景にある教師の意思決定（②）であった。しかし，意思決定を行う教師の判断基準は複雑であり，そのような教師の教授行動を支える知識（③），そして教師の信念（④）へと研究の主眼が移っていった。このように，授業中の教師の教授スキルの背景についてより深く探索していくうちに，教師の知識や信念が形成されるプロセスに焦点が当てられ始めた。そして，教師の学習や成長を，個人的なプロセスとしてだけではなく，コミュニティへの参加を通じた社会的なプロセスとして捉えるようになり，教師の「同僚性（collegiality）」や「コミュニティ（PLC：Professional Learning Community）」の重要性が指摘されるようになった（⑤）。このような流れのなかで，日本において古くから実践されてきた校内研究が脚光を浴びるようになったのである。

10.3.2　持続的な授業改善と教師の力量向上

　教師が力量を高める機会の大きな一つとして，現職研修がある。もともとは，指導者層への新教育の理念・方策の伝達・普及，あるいは免許法の施行のための再教育が主眼で，計画的に構成されていたわけではなかったが，徐々に体系化されていった。とりわけ，1980年代に行われた臨時教育審議会以降は研修の義務化が進んだ。1989年から初任者研修，1993年から10年経験者研修が導入さ

第Ⅴ部　Lesson Study のパースペクティブ

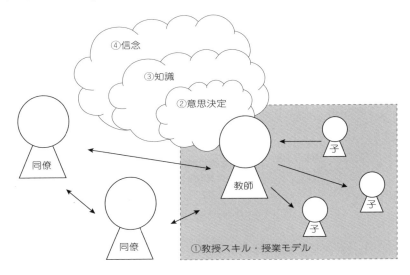

図 10-2　教師研究の視点の変化

れた。現在は，さらに各教育委員会が5年経験者研修や20年経験者研修などを付加し，生涯にわたる教師の研修制度が整備されている。

　一方，このように制度化された研修が機能しているかというと，必ずしもそうとは言えない。制度化することが悪いわけではないが，研修内容が学校の実情に適合していない，受講者が受け身になってしまうといった課題も生まれてきている。これに対して，2012年の中央教育審議会答申「教職生活の全体を通じた教員の資質能力の総合的な向上方策について」の中で「学び続ける教員像」がキーワードとして掲げられたように，教師や教師集団が自律的に学校の課題を探究し，課題解決に向けて学び続けることが重視され始めた。制度化された研修を効果的，持続的なものとするため，教師および教師集団によって推進される校内研究に期待が集まってきたと考えられる。

10.4 Lesson Study と教育工学の接点

　Lesson Study に関する研究は，図10-1に示したように研究対象が非常に幅広い。また，ウルフら（2008）が指摘するように，多様なアプローチで研究がなされてきている。しかも各々の研究は，学問領域が独立しているわけではなく重複する部分があり，明確に区別できるわけではない。たとえば，Lesson Study に関する研究で代表的に行われている事後検討会の談話分析は，日本では教育工学会，教育心理学会，教育方法学会，教師教育学会等の諸学会の研究紀要に掲載されている。もちろん各々の研究の視点や方法は異なるが，「Lesson Study と教育工学の接点」の範囲を明確にすることは難しい。そこで本章では，日本教育工学会論文誌に掲載された研究，全国大会や研究会で発表された研究を中心に，Lesson Study と教育工学の接点を探索していく。

　日本教育工学会において，「校内」での「研究」が研究テーマとして表れたのは1990年代以降であり，山口ら（1994）がその始まりといえる。小学校3校の校内研究を，研究テーマ，経緯，スタイル等の視点で比較検討することを通して，校内研究を進めるポイントを明らかにした。また，この研究を発展させ，研究授業をサポートする人的・物的環境（山口 1994）や，継続性の高い授業研究システムに機動性，平衡性，両義性という特徴があること（山口 1995）を解明した。これらの研究が推進された1990年代中頃は，ショーン（Schön 1983）によるリフレクション概念が紹介され，「教師のあるべき姿」を明らかにする研究から，「教師や教師集団の現状に基づく研究」へと主眼が移り変わった時期である。現場に寄り添いながら，当該の学校や教師，子どもの実情に合わせて探索的に研究を進める点に特徴がある。その後，浅田・生田・藤岡（1998）による『成長する教師――教師学への誘い』が出版され，「成長・発達していく人」としての教師概念に基づいた，教師の協同学習，校内研究についての研究が，教育研究の柱の一つへと発展した。

　ここでは，Lesson Study を含めた広い意味での校内研究に関する研究について，7つの領域に区分して動向を整理したい。

10.4.1 授業の振り返りに基づく授業改善と教師の成長

　教育工学の歴史を紐解くと，その中核的な研究領域の一つとして，つねに授業研究が位置付いてきた。教育工学的アプローチによる授業研究の特徴について，吉崎（2012a）は「システムズ・アプローチやアクションリサーチなどの方法を取りながら，授業を多様な構成要素からなる一つのシステムとみなして，PDCA のサイクルを通して授業改善を行うことにある」とまとめている。

　教育工学における授業研究は，表10‐1に整理したように，1960年代は行動科学的なアプローチを主流とした研究が行われた。その後，1980年以降に認知科学的なアプローチ，1990年以降に社会構成主義的なアプローチが加わってきた経緯がある。現在でもすべてのアプローチによる研究が推進されており，最近では行動科学的な知見を教師のリフレクションに応用するような研究も行われてきている。たとえば，坂本（2013）は黒板前の教師の行動を明示化することを通して，教師の発達段階のモデル化や教師教育との接続を図ろうとしている。

　校内研究との関連で見ると，ショーン（Schön 1983）による省察的実践家の概念が紹介されて以降，教師が日々の実践を振り返るリフレクションに着目した方法論が開発されてきている。たとえば澤本（1998）は，授業中の自分＝教師や子どもの姿を意図的にモニターし，それを手がかりに振り返りながら授業改善の方策を講じるため，自己リフレクション，対話リフレクション，集団リフレクションからなる授業リフレクションの方法を開発している。藤岡（2003）は，教師が教育実践の臨床的研究の主体となる新しい臨床的教師教育の概念を提起し，カード構造化法やストーリーテリングなどのツールを整理するとともに，それらのコンセプトとシステムの条件を示している。

　かつての授業研究は，「いかにして教えるか」という教師の技術や工夫に重点をおく傾向があったが，昨今は「子どもの学びのプロセス」をいかにみとるかに焦点化する傾向がある。また，「子どもの学び」をみとる「教師の学び」が重視されてきている。堀野ら（2005）は，現職教師が学習研究者らとの協同的な授業デザイン研究に参加することを通した学びに対する認識や知識観の変容過程を探索し，教師の資質向上策としてのデザイン研究の可能性に言及している。

10.4.2 プログラムの開発と効果

　校内研究の形式に決まりがあるわけではないが，その形式の基本はすでに明治期に確立されており（稲垣ほか 1996），現在まで受け継がれてきている。しかし，その伝統の継承がうまく進まない場合もあり，多くの教職員が主体的に校内研究に関わるためのプログラム開発が課題となっている。教育工学においては，2つの側面から研究が推進されてきた。

　一つは，教育の情報化や情報教育などの喫緊の課題に対して，教師の意欲や力量を高めるためのプログラム開発である。たとえば，皆川ら（2009）は，教師が授業中に ICT を活用して指導する力量向上を目指し，模擬授業，研究授業，事後検討会からなる校内研修プログラムを開発している。藤原ら（2010）は，教師が電子黒板を活用した効果的な授業イメージをもてるよう，授業例紹介と演習による校内研修パッケージを開発している。こういった情報活用に関する研修が，いかに学校へ浸透するかに焦点を当てた研究もある。小清水ら（2013）は，ICT 活用を推進するリーダー向け研修を受けた教師が，所属校においてどのような研修および働きかけを行ったかについて，活用型推進，操作型推進，報告・未推進群に分けて検討している。

　二つは，近年急速に学校現場へ広まってきたワークショップ型の研修プログラムの開発である。授業研究の際に気付いたことをカードやノートにメモし，それをもとに検討を行う方法については，1980年代から水越（1982）によるフリーカード法や藤岡（1995）によるカード構造化法などが開発されてきた。ワークショップ型研修は，このような授業研究の方法を，学校カリキュラムの改善や指導案検討といった学校の教育活動全般の改善・開発へと拡大した研修方法である。ワークショップという用語や活動自体は古くから存在し，主に企業内教育等で用いられてきたが，村川（2005）が学校内外の研修に援用したことによって，学校現場においても頻繁に用いられるようになった。教育工学における研修プログラム開発では，情報機器やネットワークを積極的に活用する場合が多いものの，学校におけるワークショップ型研修に関しては，付箋や模造紙などを用いることが多い。

10.4.3 校内研究の実態把握と教師の学びに関する研究

授業研究の主眼が，客観的に授業の特徴を解明することから，実践者と研究者の協働によって，実践を多面的に捉えることへと移り変わるにつれ，教師同士の教え合いや学び合い，多視点から学ぶ環境をつくることに注目が集まってきている。とはいえ，これまで日本の学校現場でどのような校内研究が行われ，そこでどのような学びが促されているのかは明確ではなかった。そこで，校内研究や事後検討会の現状，教師の学びを探索する研究が推進されている。

一つは，事後検討会を分析することを通して，教師の成長過程を解明しようとする研究である。教育工学会以外の諸学会でも研究が蓄積されており，たとえば北田（2007）は，2年間にわたって継続的に行われた校内研究での発話を分析し，新任教師が熟練教師との相互作用を通じて，授業を省察する力量を形成するプロセスを解明している。坂本（2012）は，校内研究における談話について，教職経験年数と学校在籍年数の視点から分析し，各々の経験年数の豊富な教師間で発話の質が異なることを示している。一方，教育工学会においては，小谷ら（2000）が，1960年代に授業研究で用いられたカテゴリ分析を援用し，事後検討会における談話を分析する方法を開発している。

校内研究の現状を捉えるもう一つの研究は，教師への質問紙やインタビューに基づいて，校内研究の現状を把握しようとするものである。たとえば米田ら（2003）は，幼稚園における園内研究の現状と教師の意識を調査し，管理者と非管理者間の意識の違いなどを明らかにしている。また姫野（2011）は，小学校，中学校，高等学校教師を対象として，校内研究や事後検討会に関する質問紙調査を行うことから，教師の参加意識や取り入れるべき内容を検討している。そこでは，全校種の教師に共通して，研究授業が自分の教科や学年と異なる場合に消極的になりがちであること，教師の学びにとって研究性が重要であること，建設的に意見しやすい雰囲気作りと授業を観察する視点の設定が重要であることなどを示している。

10.4.4 ICT を活用した校内研究の支援プログラムの開発

わが国では，教師同士で授業を研究する文化が脈々と受け継がれてきた。し

かし，年を追うごとに深刻化する教育課題への対応に追われ，教師同士で授業や教育について語る機会を確保することが難しくなっている。また，研究会自体が形骸化してしまっている場合も少なくない。校内研究を充実させようにも，同じ学校に在籍している教師同士が授業を相互に参観するためには，担任する学級を自習にせざるを得ないといった課題もあり，このような状況をいかに克服するかが検討されてきた。教育工学においては，ICTを活用して校内研究にかける時間的，空間的な制約を乗り越える研究が行われてきた。

教師による協同学習にICTを活用する研究は，CSCL（Computer Supported Collaborative Learning）研究において推進されてきた。たとえば中原ら（2000）は，異なる学校に在籍する教師同士がお互いの実践を開示し，相互作用によって内省を深めるシステムを開発し，その効果を分析している。このような協調学習の知見が，校内研究に合わせたシステム開発へ応用・発展されてきた。

鈴木ら（2006, 2007, 2010）による一連の研究では，授業ビデオ，指導案，テレビ会議，掲示板の機能を実装したeLESSERプログラムを開発し，その評価を行っている。授業を教室で参観できない場合であっても，WEBに掲載された指導案にコメントをしたり，映像をストリーミングで視聴できるという利点があり，試行に参加した教師からは肯定的な評価を得ている。また，ビデオ映像を繰り返し視聴できるといったメリットもある。一方，参加者数が増えた場合や参加形態の選択についての課題もある。タブレットパソコンや高性能カメラの普及に伴い，校内研究を支援するためのさまざまな方法が考えられるが，校内研究へのICT活用に関する研究は，それほど進展していない。むしろ，10.4.2でまとめたように，付箋などを用いたワークショップ形式の方法が教育現場に浸透している。時間的，空間的制約を克服することと，実際に校内研究で学ぶこととを結びつけた支援方法の検討が求められる。

10.4.5 初任教師への支援システムの開発とモデル化

都市部を中心としたベテラン教師の大量退職，それに伴う初任教師の大量採用が，近年は地方にまで進み，教師の実践知をいかに次世代へ伝えるかが課題になってきている。初任教師が直面する課題として，佐藤（1989）は，①「子

どもに対する理解と対応」のための経験と技術の不足，②子どもの学習を想定して教育内容と授業を方法的に構成する経験と知識の不足，③自分自身の授業を自己診断し，改善の道を発見する力の不足という3つを挙げているが，初任教師は同僚をはじめとするまわりの支援を受けながら，これらの課題を解決し成長していく。このような初任教師の成長過程について，深見（2007）は実践イメージの視点から追跡調査を行った。そこでは，初任教師は同僚や学校外の教師との専門職的なネットワークを通して，教育的指導者や共同体の成員というイメージを抱くことを示した。

近年，初任教師を支援する同僚や初任者指導担当教師の役割が大きくなり，一つの取り組みとしてメンタリングの手法を用いた支援が広がりつつある。メンタリングとは，経験を積んだ専門家が新参の専門家の自立を見守り，援助することを意味している（岩川 1994）。初任教師へのメンタリングは，主に拠点校指導の教師と配置校指導の教師が行うことが多いものの，初任教師と同学年を担当する学年主任や教務主任など，学校内の複数の教師によるグループ・メンタリングという考え方も提案されている。島田（2013）は，初任教師のメンタリングを担う3名の教師に対してインタビューを行い，複数のメンターが果たす機能と役割意識の相違点を分析している。その結果，メンターである3人の教師は，一様のメンタリングをしているわけではなく，各々の役割を自覚した上で，専門的な発達，パーソナルな発達，関係性の構築，自立の促進といった4つのメンタリングの機能を使い分けていることを明らかにしている。

ICT を活用して効果的にメンタリングを行うためのシステムを開発した研究もある。脇本ら（2010）は，メンターとなる熟練教師と初任教師の間で，振り返る子どもに偏りが出てしまったり，子どもの姿が伝わりにくいといった課題解決を目指し，授業モードと対話モードから構成される支援システム FRICA を開発し，その効果を解明している。

10.4.6　Lesson Study の普及と国際協力

途上国の人材育成・能力開発，政策・制度の改善，社会・経済インフラの整備を支援する国際協力の一環として，さまざまな開発プロジェクトが取り組ま

れてきた。教育に関しては，学校の建設などのハード面の援助から，90年代以降は教育カリキュラムの開発や教師の研修といったソフト面の援助へと転換されてきた。こうした中，世界的に広まりつつある Lesson Study を途上国の学校へ導入する活動が推進されている。

今野ら（2010）は，シリアのパレスチナ難民の学校において，学校を基盤とした授業研究を行うことを通して，少人数での連携，地域コミュニティとの連携，管理職のイニシアティブ，という教師の協働を組織するための3要因を示している。西尾ら（2011）は，ボリビアの学校に授業研究を導入し，教師の意識や態度の変容を分析した。その結果，教授能力向上への意欲，子どもの活動を重視した授業への志向，新たな同僚関係の構築について変容を見出し，ボリビアの教師が自らの授業転換を図る上で，学校における授業研究が有効であることを示唆している。

10.4.7　学校組織の課題と組織開発

校内研究に関する研究を幅広く捉えると，教師文化も含めた学校の組織改善が重要な課題となる。教育工学では，大きく二側面から取り組まれている。

一つは，学校組織が抱える課題を解明したり，モデル化する研究である。山田（2012）は，内発的改善サイクルに依拠した組織開発を実施する事例研究を通して，教師が学校における課題を認識し，課題解決に至るプロセスを分析している。学校の教育目標を意識すること，教育目標に向けた実践のイメージをもつことが，実践の継続や修正に至る過程で鍵になることを指摘している。

二つは，学校課題の自己評価や校務支援などに ICT を活用する研究である。野中ら（2011）は，学校の情報化がどの程度進んでいるのかを自己評価するとともに，次のステップへのアドバイスを参照できる学校情報化診断システムを開発している。山本ら（2009）は，校務支援システムを導入した3つの小学校において効果と課題を調査し，教師同士の情報共有や校務の効率化において効果的であることを示している。

10.5 教育工学的アプローチによる Lesson Study 研究の課題

　教師という職業は，教員採用試験に合格したら一人前というわけではなく，よりよい教師へと成長・発達していく終わりなき旅だといわれる。教師が力量を高める機会の一つとして，日本では明治時代から140年以上にわたって校内研究が継承されてきた。しかし，ベテラン教師の大量退職，若手教師の大量採用による年齢構成のアンバランス化，教育観，授業観の多様化による実践知の伝承の難しさから，教師同士で授業や教育について語る機会が減少する傾向がある。これまで受け継がれてきた校内研究が形骸化し，一種の儀式になっているという指摘もある。これは，日本の校内研究を模して，Lesson Study を推進し始めた諸外国とは逆の方向である。これまで当たり前に行われてきた教師同士の学びを伝承する組織文化や，校内研究を継続・発展するための背景要因を見つめ直すことが喫緊の課題となっている。

　こうしたなか学校現場では，質保証の観点から研修の義務化が進む傾向にある。教師集団による自律的な学びの機会であった校内研究もフォーマルな研修へと位置づけられ，「権利としての研修」よりも「義務としての研修」に力点が置かれるようになってきている。もちろん，教師の力量向上にとってフォーマルな研修が重要であることはいうまでもない。しかし，日本の学校で受け継がれてきた校内研究は，研究授業と事後検討会だけではなく，教師同士が日常的に子どものこと，学級のこと，授業のことを語りあうようなインフォーマルな対話によって支えられてきた。「研修の制度化・義務化＝質保証」あるいは「研修の受講＝教師の学習」と捉えるような図式ではなく，学校現場の文脈に根差した，教師や教師集団の学びの捉え直しが必要と考える。とりわけ，教育科学的な知見と教育現場における経験的な知見を組み合わせて，よりよい教育モデルを構築する教育工学的な研究が今こそ求められる。

　このような教師や教師集団の学びの捉え直しに向けた研究は，少しずつ進展し始めている。姫野ら（2015）は，熟達教師を対象にインタビュー調査を行い，個々の教師には学ぶことに「開かれている状態」と「閉じられている状態」が

第10章 Lesson Study と教育工学の接点

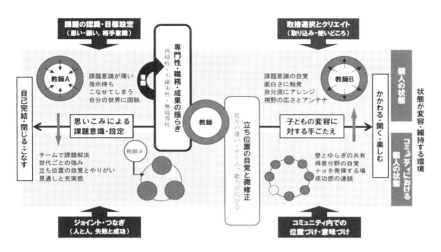

図 10-3 教師の経験学習モデル

出典：姫野ほか（2015）．

あること，また教師コミュニティにおける位置付け方によって，教師の学びが開かれる場合があることを指摘するとともに，教師の経験学習についてモデル化している（図10-3）。学校としての研究活動の持続性に焦点を当てた研究も行われている。木原ら（2015）は，研究指定を受けた学校を対象として，指定終了後にいかに継続・発展されているのかを分析し，学校研究の発展要因をモデル化している。

「三人寄れば文殊の知恵」といわれるように，複数人が集まることによって，個人では思いもよらない知恵が創発される場合がある。だからこそ，校内研究や Lesson Study が果たす役割は大きい。一方，校内研究を数多く行えば，ベテラン教師の知が伝わるかというと，そう単純ではない。「授業について語ること」を目標とするのではなく，授業について語ることを通して，教師自身がさまざまな気づきを得るような教師同士の対話の機会や環境を，職員室の内外にいかに埋め込むかが大切になってくる。

今後は，現代の学校を対象にした実践研究を蓄積するとともに，「故きを温ねて新しきを知る」のことわざに習い，校内研究の文化を育み伝えてきた先人

の知恵を探索することも必要だろう．新しい時代の校内研究持続・発展モデルの構築が，今後の教育工学研究に期待されている．それとともに，開発したモデルを Lesson Study 研究として位置付け，グローバルに発信していくことも重要な課題である．これまで，世界的な Lesson Study の推進における日本の功績は，どちらかというと研究よりも教育に関する国際協力という側面が強かった．Lesson Study 研究を逆輸入して日本に取り入れるだけではなく，世界的な研究動向の中に研究モデルや知見を位置付け，教師教育や授業改善，そして研究の発展に寄与していくことが求められる．

参考文献

秋田喜代美（2012）『学びの心理学』左右社．
秋田喜代美・キャサリン・ルイス（2008）『授業の研究 教師の学習——レッスンスタディへのいざない』明石書店．
浅田匡・生田孝至・藤岡完治（1998）『成長する教師』金子書房．
Fernandez, C., and Yoshida, M. (2004) *Lesson study : A Japanese approach to improving mathematics teaching and learning*, New Jersey : Lawrence Erlbaum Associates Publishers.
藤岡完治（1995）「授業者の私的言語による授業分析——カード構造化法の適用」梶田叡一（編）『授業研究の新しい展望』明治図書, 42-57.
藤岡完治（2003）「臨床的教師教育とそのツール・コンセプト・システム」『日本教育工学会論文誌』27（1）：49-59.
藤原典英・永田智子（2010）「授業で電子黒板活用に資する校内研修パッケージの開発」『日本教育工学会論文誌』34（Suppl）：149-152.
深見俊崇（2007）「ある初任教師の実践イメージの変容——1年間の事例研究をもとに」『日本教育工学会論文誌』30（4）：283-291.
Hart, L. C., Alston, A. S., and Murata, A. (2011) *Lesson Study Research and Practice in Mathematics Education : Learning Together*, Springer Dordrecht Heidelberg London New York.
姫野完治（2011）「校内授業研究及び事後検討会に対する現職教師の意識」『日本教育工学会論文誌』35（Suppl）：17-20.
姫野完治・益子典文（2015）「教師の経験学習を構成する要因のモデル化」『日本教育工学会論文誌』39（3）：139-152.
姫野完治・三橋功一・生田孝至（2016）「授業研究の系譜」生田孝至・三橋功一・姫野完治（編）『未来を拓く教師のわざ』一茎書房, 193-199.
堀野良介・大島純・大島律子・山本智一・稲垣成哲・竹中真希子・山口悦司・村山功・中山迅（2005）「デザイン研究に参加した教師の学習観の変容——教師の資質向上の新しい

可能性」『日本教育工学会論文誌』29（2）：143-152.
稲垣忠彦・佐藤学（1996）『授業研究入門』岩波書店.
井上裕光・藤岡完治（1995）「教師教育のための「私的」言語を用いた授業分析法の開発カード構造化法とその適用」『日本教育工学雑誌』18（3）：209-217.
岩川直樹（1994）「教職におけるメンタリング」稲垣忠彦・久冨善之（編）『日本の教師文化』東京大学出版会，97-107.
木原俊行（1995）「「反省」と「共同」による授業改善方法の開発」『日本教育工学雑誌』18（3）：165-174.
木原俊行・島田希・寺嶋浩介（2015）「学校における実践研究の発展要因の構造に関するモデルの開発──「専門的な学習共同体」の発展に関する知見を参照して」『日本教育工学会論文誌』39（3）：167-179.
北田佳子（2007）「校内授業研究会における新任教師の学習過程──「認知的徒弟制」の概念を手掛かりに」『教育方法学研究』33：37-48.
北田佳子（2009）「校内授業研究会における教師の専門的力量の形成過程」『日本教師教育学会年報』18：96-106.
今野貴之・久保田賢一・黒上晴夫（2010）「教育開発プロジェクトにおける学校を基盤とした授業研究の促進要因」『日本教育工学会論文誌』34（Suppl）：89-92.
小清水貴子・藤木卓・室田真男（2013）「校内で ICT 活用を推進する教員研修後の受講者の働きかけと所属校教員の意識」『日本教育工学会報告集』JSET 13-：15-18.
小谷桂介・浅田匡（2000）「校内研究における教師間の知識相互変換に関する基礎研究」『教育工学関連学協会連合全国大会講演論文集』6：485-486.
皆川寛・高橋純・堀田龍也（2009）「「授業中に ICT を活用して指導する能力」向上のための校内研修プログラムの開発」『日本教育工学会論文誌』33（Suppl）：141-144.
水越敏行（1982）『授業評価研究入門』明治図書.
村川雅弘、（2005）『授業にいかす 教師がいきる ワークショップ型研修のすすめ』ぎょうせい.
中原淳・西森年寿・杉本圭優・堀田龍也・長岡慶三（2000）「教師の学習共同体としての CSCL 環境の開発と質的評価」『日本教育工学会論文誌』24（3）：161-171.
日本教育方法学会（2009）『日本の授業研究──LESSON STUDY IN JAPAN（上下）』学文社.
西尾三津子・久保田賢一（2011）「ボリビアにおける授業研究の実践と教師の意識変容」『日本教育工学会論文誌』35（Suppl）：89-92.
野嶋栄一郎（2012）「持続可能（sustainable）な教育実践システムを有する学校の研究」西之園晴夫・生田孝至・小柳和喜雄（編）『教育工学選書5 教育工学における教育実践研究』ミネルヴァ書房，96-120.
野中陽一・豊田充崇（2011）「情報化の状況を診断し対応策を示す「学校情報化診断システム」の開発」『日本教育工学会論文誌』35（Suppl）：197-200.
小柳和喜雄（2010）「学校研究に対する教育工学の支援方法に関する研究」『日本教育工学会研究報告集』JSET 10-1：351-358.

第V部　Lesson Study のパースペクティブ

坂本篤史（2012）「授業研究の事後協議会を通した小学校教師の談話と教職経験——教職経験年数と学校在籍年数の比較から」『発達心理学研究』23（1）：44-54.

坂本將暢（2013）「黒板前の教師の動きに基づく教師教育のあり方」『日本教育工学会第29回全国大会発表講演論文集』：189-192.

佐藤学（1989）『教室からの改革』国土社.

佐藤学（2008）「日本の授業研究の歴史的重層性について」秋田喜代美・キャサリン・ルイス（編）『授業の研究　教師の学習』明石書店，43-46.

澤本和子（1998）「授業リフレクション研究のすすめ」浅田匡・生田孝至・藤岡完治（編）『成長する教師』金子書房，212-226.

Sawyer, R. K. (2006) *The Cambridge Handbook of the Learning Sciences*, Cambridge University Press.（ソーヤー（編），森敏昭・秋田喜代美（監訳）(2009)『学習科学ハンドブック』培風館.）

Schon, D. A. (1983) *The Reflective Practitioner: How Professionals Think in Action*, New York: Basic Books.（ショーン（著），佐藤学・秋田喜代美（訳）『専門家の知恵——反省的実践家は行為しながら考える』ゆみる出版.）

島田希（2013）「初任教師へのメンタリングにおいて複数のメンターが果たす機能と役割意識」『日本教育工学会論文誌』37（Suppl）：145-148.

Stigler, J., and Hiebert, J. (1999) *The Teaching Gap: Best Ideas from the World's Teachers for Improving in the Classroom*, The Free Press.（スティグラー・ヒーバート（著），湊三郎（訳）(2002)『日本の算数数学教育に学べ——米国が注目する jugyo kenkyuu』教育出版.）

鈴木真理子・永田智子（2005）「米国の Lesson Study 研究にもとづいた教師の共同体ネットワーク構想」『日本教育工学会研究報告集』JSET 05-2：1-6.

鈴木真理子・永田智子・西森年寿・望月俊男・笠井俊信・中原淳（2006）「Web ベース授業研究支援「eLESSER」プログラムの開発」『日本教育工学会論文誌』30（Suppl）：49-52.

鈴木真理子・永田智子・西森年寿・望月俊男・中原淳・笠井俊信（2007）「Web ベース授業研究支援「eLESSER」プログラムの効果」『日本教育工学会論文誌』31（Suppl）：89-92.

鈴木真理子・永田智子・西森年寿・望月俊男・笠井俊信・中原淳（2010）「授業研究ネットワーク・コミュニティを志向した Web ベース「eLESSER」プログラムの開発と評価」『日本教育工学会論文誌』33（3）：219-227.

脇本健弘・苅宿俊文・八重樫文・望月俊男・酒井俊典・中原淳（2010）「初任教師メンタリング支援システムFRICAの開発」『日本教育工学会論文誌』33（3）：209-218.

Wetheimer, J. (2008) "Learning among colleagues: teacher community and the shared enterprise of education," In Cochran-Smith, M. et al. (Eds.), *Handbook of Research on Teacher Education*, Third Edition, New York & London: Routledge, 756-783.

ウルフ・秋田喜代美（2008）「レッスンスタディの国際動向と授業研究への問い」秋田喜代美・キャサリン・ルイス（編）『授業の研究　教師の学習』明石書店，24-42.

山田寛邦(2012)「学校の組織開発において教員が課題実践に至る過程の探究」『日本教育工学会論文誌』36 (1):45-57.

山田寛邦(2014)「学校のポジティブな組織開発が教職員に与える影響の過程の探究」『日本教育工学会論文誌』37 (4):435-447.

山口好和・水越敏行(1994)「校内授業研究の継続要因──小学校における研究会の比較分析を基にして」『日本教育工学会研究報告集』JET 94-3:69-73.

山口好和(1994)「校内授業研究の継続要因(2)──システムの構成要素とその機能」『教育工学関連学協会連合全国大会講演論文集』4:43-44.

山口好和(1995)「校内授業研究の継続要因(3)──システムの会編と共通理解のストラテジー」『日本教育工学会大会講演論文集』11:95-96.

山本朋弘・堀田龍也・新地辰朗・鈴木広則・清水康敬(2009)「校務支援システム利用における運用要件と教員の負担軽減・校務の効率化に関する検討」『日本教育工学会研究報告集』JSET 09-5:197-202.

米田麻美・浅田匡(2003)「園内研究における教師の意識に関する基礎的研究──教師の'実践的力量形成の場としての視点から」『日本教育工学会論文誌』27 (Suppl):165-168.

吉崎静夫(2012a)「教育工学としての授業研究」水越敏行・吉崎静夫・木原俊行・田口真奈(編)『教育工学選書6 授業研究と教育工学』ミネルヴァ書房,1-29.

吉崎静夫(2012b)「世界における授業研究の普及と展望」水越敏行・吉崎静夫・木原俊行・田口真奈(編)『教育工学選書6 授業研究と教育工学』ミネルヴァ書房,190-204.

資料　世界授業研究学会の研究動向
──発表題目の計量的分析を通して──

坂本將暢

1. 分析の方法

　本資料では，世界授業研究学会（WALS：World Association of Lesson Studies）の発表題目をテキスト分析し，世界での授業研究の動向を明らかにする。まず，2007年から2014年までに開催されたWALSの国際会議の8ヵ年の発表題目について，形態素解析を行い，単語を抽出する。次に，計量テキスト分析のソフトウェアであるKH Coder（樋口 2003, 2005）を用いて，発表題目と発表者が所属する国・地域を分析対象に，特徴的な語の出現の傾向と，共起する語の関連を明らかにする。KH Coderは，計量テキスト分析やテキストマイニングに対応したテキストデータを統計的に分析するためのソフトウェアである。これによって，世界の授業研究の動向や，背景となる各国の状況を考察する手がかりを得たい。

2. 分析の結果

2.1　発表件数・内訳
　表1に，各年の発表件数を記す。発表件数は，Expert Seminar, Keynote Speech, Symposium, Case Sharing, Paper Presentation, Poster, Workshopの1,493件である。このうち，英語以外の言語によるものを省いた1,390件を，のちの分析対象とした。
　また，表1内には，日本，香港，ブルネイ，シンガポール，スウェーデン，インドネシア，英国，米国の国別発表件数も記している。国際会議が開催され

表1　本研究の分析対象の発表件数

開催年	開催された国・地域	発表件数	分析対象の発表件数	分析対象の発表数のうちの各所属機関の発表数（延べ数）							
				Japan	Hong Kong	Brunei	Singapore	Sweden	Indonesia	UK	US
2007	Hong Kong	104	68	12	14	3	17	9	0	2	4
2008	Hong Kong	114	102	11	14	3	44	10	0	4	3
2009	Hong Kong	78	74	9	14	4	25	7	1	4	4
2010	Brunei	131	124	21	4	24	51	12	3	3	1
2011	Japan	154	148	53	6	4	49	14	9	1	3
2012	Singapore	316	314	39	13	7	180	22	33	8	5
2013	Sweden	177	170	23	4	3	27	64	13	14	8
2014	Indonesia	419	390	46	5	7	32	11	238	9	2
計		1,493	1,390	214	74	55	425	149	297	45	30

表2　出現頻度が高い抽出語（上位25語）

抽出語	出現回数	抽出語	出現回数
study	854	mathematics	120
lesson	740	education	117
singapore	446	development	112
teacher	381	case	105
learning	378	hongkong	90
indonesia	325	primary	89
student	269	sciece	80
japan	249	base	75
teaching	245	skill	74
learning(N)	234	enhance	73
school	225	practice	69
sweden	154	develop	65
improve	146		

た年の国・地域は，ほかの年よりも多くなることがわかる。発表件数には，開催国・地域へのアクセスの便利さや，開催時期と発表者の国の事情（学校の授業日，長期休暇期間，宗教的・文化的行事など）が関与しているといえる。

2.2　語の出現頻度

表2に，出現頻度が高い語を示す（前置詞，感嘆詞を除く）。WALSは，

資料　世界授業研究学会の研究動向

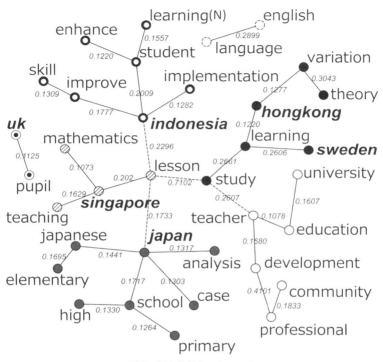

図1　語の共起ネットワーク

※出現回数28回以上の語をノードとし、Jaccard係数0.107以上をエッジとする。
　エッジのないノードは削除されている。
※共起関係の媒介性にもとづき、サブグラフを検出している。

Lesson Study や Learning Study を研究対象とする組織であるため study, lesson, learning は多く出現する。国名の出現数は、発表の数と関わってくる。

2.3　語の共起ネットワーク

　図1は、KH Coder の共起ネットワークを用いて、出現パターンの類似した語の組み合わせを表現したものである。この図の作成にあたっては、まず形態素解析によって抽出された1万4,806語から28回以上出現の70語に絞り込み、次に、語同士の関連の有無を Jaccard 係数の値（0.107以上）で判定し、線で結んだ。なお、どの語とも関連しない35語は、図には含まれていない。樋口

211

(2014) は,「1文書に含まれる語の数が少なく,それぞれの語が一部の文章中にしか含まれていないようなデータには,語と語の関連を見るためにJaccard係数を使用するとよい」(p. 152) と述べている。表2に示したように,出現回数が25番目の語でさえも65回であり,多くの語の出現回数が少ないことが予想される。したがって,Jaccard係数を用いた。

図1に示すとおり,最も共起関係の強いlessonとstudy（Jaccard係数は0.7102）が図の中心に配置された共起ネットワークは,大きく7つのグループに分けられる。表1に示した国・地域のうち日本（図内の下側）,香港とスウェーデン（右側）,インドネシア（上側）,シンガポール（左側）,英国（左側）が抽出され,7グループのうちの5グループに属している。たとえば日本は,lesson, analysis, case, school, japaneseと,香港とスウェーデンはlearningと,香港はvariation (theory) と共起している。インドネシアはlesson, improve, student, implementationと,シンガポールはlesson, teaching, mathematicsと,英国はpupilとそれぞれ共起している。また,出現回数の多い（表2より）,study（1位）, lesson（2位）, teacher（4位）, learning（5位）は強く関連し合っている。

国・地域に着目して共起する語を分析した結果は次節で述べるが,たとえば日本の場合,analysisと共起しているのは,日本の研究者あるいは実践者が,授業研究だけでなく授業分析に取り組んでいるからだと考えられる。また,case, primary, elementary, high schoolと同じグループにまとめられているのは,それらの校種を研究対象にした事例研究を発表しているためだと考えられる。

2.4 国・地域別の関連語の分析結果

図2から図7に,KH Coderを使って国・地域別に関連語検索をして,抽出された単語を共起ネットワークで表現したものを示す。検索対象にしたのは,図1でも抽出された日本,香港,シンガポール,インドネシア,スウェーデン,英国の6ヵ国である。また,関連語検索の対象とする語は,Jaccard係数の上位75位までの語とした。

資料　世界授業研究学会の研究動向

■日本に関連する語の特徴

Japan に関連する語の特徴は，1) lesson analysis, action-research, evidence-based, transcript base という研究に関する語が出現していること，2) teacher, development, community, professional が結び付き，教師としての成長や専門性の向上に関する研究がなされていると考えられること，3) workshop, action-research, leadership, school-based という現場の取り組みに関する語が出現していることである（図2参照）。

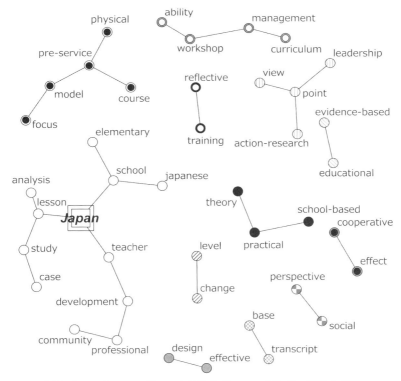

図2　Japan の関連語（Jaccard 係数=0.20，ノード数=42，密度=0.035）

■香港に関連する語の特徴

　Hong Kongに関連する語の特徴は，1）learning study に取り組んでいること，2）phenomenographic や variation theory という現象学に関する語が出現していること，3）Shulman（1987）が提唱した Pedagogical Content Knowledge（授業を想定した教科内容の知識，PCK）が出現していることである（図3参照）。

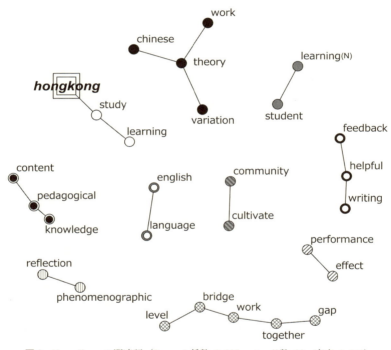

図3　Hong Kong の関連語（Jaccard 係数=0.335，ノード数=28，密度=0.042）

●シンガポールに関連する語の特徴

Singaporeに関連する語の特徴は，1) chinese, malay, englishといったシンガポールでの使用言語が，oral conversationやreadingの分野や評価 (assessment) と関連して出現していること，2) mathematicsやscience, 数学での解き方の手立てのひとつとしてシンガポールで取り組まれているようであるCPA (concrete pictorial abstract) アプローチといった，理数教科に関する語が出現していること，3) 先進的な取り組みの様子をうかがうことができる21st centuryやICT toolが出現していることである (図4参照)。

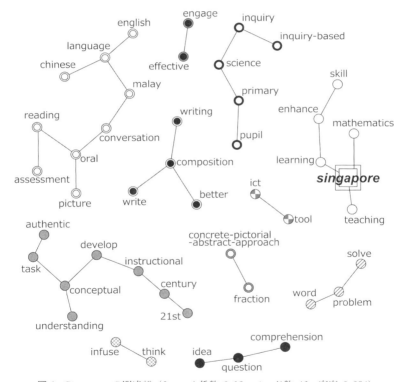

図4 Singaporeの関連語 (Jaccard係数=0.12, ノード数=46, 密度=0.034)

■インドネシアに関連する語の特徴

　Indonesiaに関連する語の特徴は，1) improve が student や skill と，development が teacher と，training が department や faculty とそれぞれ関連して出現していること，2) lesson study が high school で取り組まれていること（implementation），3) science, chemistry, biology が出現しており，理科を対象にした研究発表が多いと考えられることである（図5参照）。

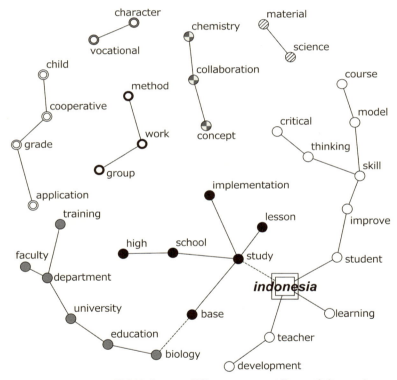

図5　Indonesia の関連語（Jaccard 係数=0.145，ノード数=37，密度=0.047）

資料　世界授業研究学会の研究動向

■スウェーデンに関連する語の特徴

　Sweden に関連する語の特徴は，1) variation theory, pre-school child という香港と似た語が出現していること（香港では early childhood），2) 方法論を混ぜ合わせたような新たな評価方法に関心があること，3) 教科名ではなく，小数の割り算（decimal division）や負の数（negative number），スウェーデン言語学（Swedish linguistic）や母語（mother tongue）といった具体的な研究対象が出現していることである（図6参照）。

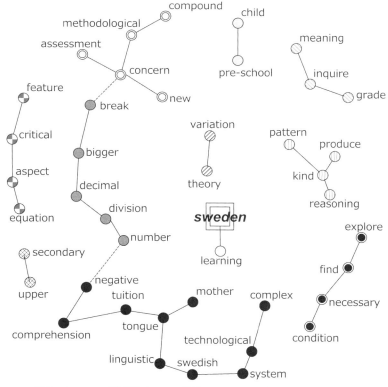

図6　Sweden の関連語（Jaccard係数=0.25，ノード数=43，密度=0.034）

■英国に関連する語の特徴

UK に関連する語の特徴は，1）lesson study と variation theory が一緒に出現していること，2）pre-service を手伝う（help）や，peer や buddy，あるいは collaborative といった研究対象の周囲に第3者が取り巻いている様子を表す語が出現していること，3）England, national, bureaucratic という国や官僚を表す語が出現していることである（図7参照）。

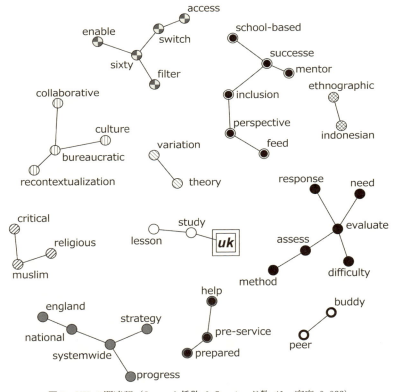

図7　UK の関連語（Jaccard 係数=0.5，ノード数=41，密度=0.033）

3. 分析結果からの考察

3.1 Lesson Study と Learning Study

　研究対象は児童・生徒の場合もあるし，児童・生徒による問題の解法の場合もあるし，多様である。しかし，関連語検索から，Lesson Study か Learning Study かなどの研究の枠組み，教師か児童・生徒かなどの研究対象となる人物，校種などの研究がなされる舞台，授業改善や評価の目的などの国・地域の違いを垣間見ることができよう。

　Lesson Study は既知のとおり，日本の授業研究を起源とする取り組みである。目的や方法や研究対象は一様ではないが，特に学校単位での授業改善を目的とした伝統的な取り組みである校内研究は，日本式の授業研究として海外で注目されている。

　一方，Learning Study は香港とスウェーデンで取り組まれている（Cheng et al. 2013）。Cheng らによると，Lesson Study と Learning Study の違いは，前者は授業経営，教授戦略などの授業全体の様相に焦点を当てるのに対して，後者は，どのようにすれば子どもに授業内容を教えられるか，子どもはそれらを学ぶことができるかに焦点を当てる点である（p. 3）。

　興味深いことに，2007年のエキスパート・セミナーでの発表題目が，この各国・地域の違いの傾向を物語っている（表3参照）。エキスパート・セミナーは，WALS に招待された各国・地域を代表者する研究者や実践者だけが参加できるセミナーで，2007年の香港から毎年，国際会議の前日に開催されている。発表題目に Lesson Study を用いているのは日本とシンガポールとブルネイで，Learning Study を用いているのは香港とスウェーデンである。

　また表4に，国・地域別の Lesson Study, Learning Study, Lesson Analysis の出現回数を示す。ここまでは形態素解析で抽出された lesson, study, learning などの単独語を対象にしてきたが，以降は，"lesson study" や "learning study" のような熟語を対象にする。分析対象にした発表件数は1,390件であるが，Lesson Study はその約40%，Learning Study が約10%，

表3 WALS Conference 2007 のエキスパート・セミナーの発表題目

Title	Authors	Country
The Latest **Development of Lesson Studies** in Japan: Focusing on **Teachers' Learning Prosses**	Kiyomi Akita	Japan
Recent **Developments in Lesson Study** in Singapore Country Report	Lee Kim Eng Christine	Singapore
School-based Research and Professional Learning With the Aim at **Improving Classroom Practice**	Wang Jie & Gu Lingyuan	China
Learning Studies in Hong Kong	Lo Mun Ling	Hong Kong
Initial **Developments in Lesson Study** in Brunei Darussalam	Keith Wood	Brunei
Learning Studies in Sweden	Ulla Runesson	Sweden

注:表内の太字は筆者によるもの
出典:WALS 2007 の web ページをもとに筆者作成

表4 国・地域別の Lesson Study, Learning Study, Lesson Analysis の出現回数(括弧内は Jaccard 係数)

	lesson study		learning study		lesson analysis	
japan	96	(0.143)	2	(0.006)	20	(0.090)
hongkong	13	(0.021)	36	(0.215)	0	(0.000)
singapore	167	(0.205)	5	(0.009)	2	(0.004)
indonesia	162	(0.233)	2	(0.005)	5	(0.016)
sweden	10	(0.014)	68	(0.311)	0	(0.000)
uk	25	(0.042)	10	(0.058)	0	(0.000)
その他	96		15		0	
	569		138		27	

Lesson Analysis が約2%となっている。Lesson Study に注目すると,日本とシンガポールとインドネシアと英国は,各国の発表件数(表1参照)の約40~55%の発表であるが,香港は約17%で,スウェーデンは約6%の発表である。その一方で,Learning Study に着目すると,香港とスウェーデンは約45%,英国は約20%の発表であるが,日本とシンガポールとインドネシアは1%前後の発表のみである。そして,Lesson Analysis に着目すると,日本が約10%,シンガポールとインドネシアが1%前後の発表をしているが,香港とスウェーデンと英国は発表件数が0件である。

3.2 その他の特徴的な語

表5に示す science, mathematics, improve, development は，表2に示した出現回数の多い抽出語の20位，14位，13位，16位の語である。これらの語と日本をはじめとする6つの国・地域との関連（Jaccard 係数）を明らかにするため，図8のように KH Coder を用いて多次元尺度構成法を行った。図8内のプロットは，クラスタ分析の結果を反映させており，クラスタ別にプロットした記号のパターンを換えている。

今回取り上げた国・地域について言えば，表4からは，Lesson Study のグループに日本，シンガポール，インドネシア，Learning Study のグループに香港，スウェーデン，Lesson / Learning Study のグループに英国がそれぞれ属する。Lesson Studyのグループのうち，日本は Lesson Analysis にも属すると言える。図8に示すクラスタ分析の結果でも，同様のことが言える。

表5 各語と国・地域との関連（数値は Jaccard 係数）

	variation theory	science	mathematics	improve	teacher professional development	critical thinking	learning community
japan	0.000	0.017	0.025	0.032	0.013	0.004	0.076
hongkong	0.035	0.020	0.032	0.009	0.021	0.000	0.000
singapore	0.005	0.065	0.107	0.065	0.007	0.002	0.017
indonesia	0.000	0.065	0.053	0.178	0.026	0.026	0.012
sweden	0.039	0.004	0.031	0.032	0.000	0.000	0.065
uk	0.037	0.008	0.000	0.016	0.016	0.000	0.012
出現回数	11	80	120	146	20	10	38

	pedagogical content knowledge	student learning	pre-school	primary school	elementary school	secondary school	junior high school	high school
japan	0.000	0.004	0.000	0.013	0.085	0.008	0.018	0.035
hongkong	0.023	0.067	0.000	0.044	0.000	0.067	0.000	0.000
singapore	0.005	0.031	0.002	0.086	0.000	0.048	0.000	0.004
indonesia	0.006	0.021	0.026	0.051	0.016	0.017	0.020	0.022
sweden	0.013	0.022	0.043	0.004	0.000	0.036	0.000	0.000
uk	0.036	0.013	0.000	0.008	0.000	0.021	0.019	0.000
出現回数	13	38	19	89	26	51	10	20

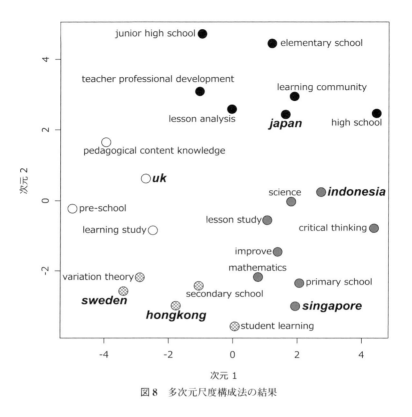

図8 多次元尺度構成法の結果

　Learning Study の背景理論のひとつと言える variation theory に着目すると（表5参照），香港とスウェーデンと英国の Jaccard 係数が，日本，シンガポール，インドネシアと比べて高く，似た数値である。その Learning Study の視点のひとつと言える student learning に着目すると，香港の Jaccard 係数は高く（表5参照），香港とスウェーデンと同じクラスタに配置されている（図8参照）。

　数学や理科は研究対象にされやすい傾向にあるが，表5の science と mathematics の Jaccard 係数を見ると，シンガポールとインドネシアでの科学技術の重要さがうかがえる。また，improve の Jaccard 係数の高さに注目すると，とくにインドネシアの数値は高く，いかに子どもたちに数学や理科の内容

をわからせるか，そして成績を向上させるかが授業研究のねらいだと考えられる。

3.3 新たな国・地域の WALS の国際会議への参加

これまでに取り上げた国・地域のほかに，WALS の国際会議で発表している国・地域を，発表年毎に表示したものが図9である。上部に，先に取り上げた6つの国・地域があり，下に行けば行くほど，最近になってから WALS の国際会議に参加して発表していることを表している。日本やシンガポールのように毎回発表している国・地域もあれば，カナダは2007年と2008年に，マカオやハンガリーは2007年に，イスラエルは2008年に，フランスは2009年に，フィンランドは2011年に，タイとエストニアは2012年に，ノルウェーと南アフリカは2013年にそれぞれ発表しているものの，それ以降に発表していない。また，トルコや台湾のように，4，5回あいだを空けて発表する国・地域もある。Lesson Study の世界的な広まりの様子を考慮すれば，Lesson Study や Learning Study に取り組まなくなったのではなく，上にも書いたように，開催国・地域へのアクセスの便利さや，開催時期と発表者の国の事情（学校の授業日，長期休暇期間，宗教的・文化的行事など）が関与しているものと考えられる。

もうひとつの特徴としては，2013年の南アフリカの発表を皮切りに，2014年のガーナ，セネガル，エチオピア，ザンビアといったアフリカ諸国の発表が増加している点がある。JICA 等の国際的な機関が，授業改善や子どもたちの学力向上の手立てとしての Lesson Study を現地で支援しており，その成果を，ここ数年，WALS の国際会議で発表している。アフリカ諸国に加えて，バーレーンなどの西アジアや，カザフスタンなどの中央アジアの取り組みに，今後，注目する必要があろう。

WALS の国際会議を含めた，現状の世界的な Lesson Study の取り組みは，同国内の研究者や実践者が共同で授業研究を推進しているだけでなく，世界規模の教育的な取り組みと言えよう。Lesson Study の先駆的な立場の日本の研究者や実践者は，海外の大学や研究機関などで活動をする機会がますます増え

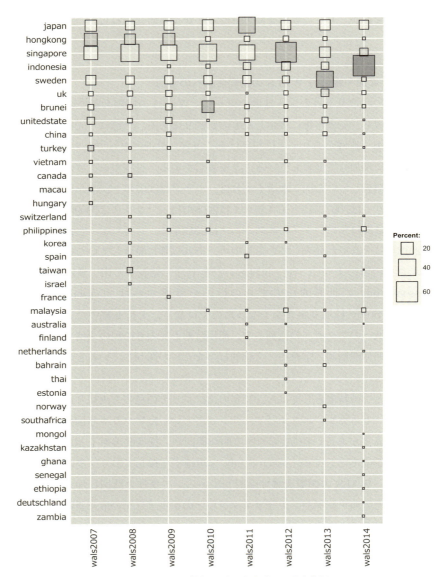

図9 WALS 開催年と国・地域ごとの発表状況

てくるだろう。その反対に、海外の研究者が日本の研究機関で活動することも、現状のムーブメントの成果として起こり得るだろう。このような人の交流も盛んになれば、表4や表5で示した、"国別"や"Lesson Study と Learning Studyの別"のようなものでは説明ができなくなり、さらに興味深いものになると思われる。

参考文献

Cheng, C. K. E. and Lo, M. L. (2013) The Approach of Learning Study: Its origin and implications.
  http://www.oecd.org/edu/ceri/Eric Cheng.Learning Study.pdf（accessed 2016.01.20）

樋口耕一（2003）「コンピュータ・コーディングの実践――漱石『こころ』を用いたチュートリアル」『年報人間科学』24：193-214.

樋口耕一（2005）「計量テキスト分析の方法と技術」大阪大学大学院人間科学研究科 博士論文.

樋口耕一（2014）『社会調査のための計量テキスト分析――内容分析の継承と発展を目指して』ナカニシヤ出版.

あとがき

　日本の授業研究が世界に広がり20年が経過しようとしている。2007年から毎年開催されている世界授業研究学会（WALS）のカンファレンスも10年を経た。2017年には２度目の日本で開催となる。国際的な交流も盛んになってきた。
　いっぽうで，本書の各章で示されているように，各国でのLesson Studiesは独自に展開しており，必ずしも日本の授業研究の海外移転という側面では捉えられなくなっている。Action Research，Learning Studyなどと結びつきながら，また各国の教師教育・教員研修の制度による影響を受けながら，多様な展開を見せている。とはいえ，各国でLesson Studiesを主導している研究者や教育者は日本の授業研究を敬意をもって学び，これを参考にしようとする意欲も高い。明治以来，圧倒的に輸入に頼ってきた日本の教育研究においては，輸出型の教育研究に脱却するチャンスでもある。日本の教育文化の中で育まれてきた，現場主義の教育研究である授業研究が，リフレクションやコラボレーションといった世界共通のキーワードの中で，見直されてきたのである。
　今後の日本の教育研究においては，世界に広がった日本の授業研究を通して，逆に世界の動きを鏡にすることによって，日本の授業研究の役割と課題を再評価することが求められる。近年の教育改革や学校をめぐる情勢の変化において，我々が知らず知らずのうちに，日本の大切にすべき価値観を手放そうとしていないのか，思慮深く分析する必要があろう。
　また，日本の授業研究が世界に注目されているとはいえ，それは学校文化の中で長く形成されてきた教師たちの営みが評価されているのであり，主として大学に身をおく研究者たちの力ではないことを自覚すべきであろう。実際のところ，日本の研究者が執筆した論文や書籍が直接に世界に広がっていることは，現段階においても十分ではなく，今後に期すべき重要な課題である。
　さらに，国際的な授業研究のネットワークにおいても，それぞれのLesson Studiesの相互理解はこの10年で随分と深まってきているが，今後は，学術的

あとがき

な議論を深めるための共通の学術的な基盤としての理論や方法論の構築も求められている。こうした点に日本の研究者が積極的に参加していくことが，学術研究の国際化にとって欠かせないといえるであろう。

編者を代表して　柴田好章

人名索引

ア行
秋田喜代美 23
芦田恵之助 81
磯田正美 27
井上光洋 79
ウッド, K. 23
エリオット, J. 23

カ行
垣内松三 81
久野弘幸 23

サ行
坂元昂 73
佐藤学 23, 79
サルカール アラニ, M. R. 23, 30
重松鷹泰 78
柴田好章 23
シュルマン, L. S. 214
ショーン, D. A. 79, 195, 196
スティグラー, J. W. 5, 20, 37, 101, 106, 109, 189
スティーブンソン, H. W. 101

スマール, H. 29

タ行
高橋昭彦 106
ダドリー, P. 3, 37, 39, 44

ハ行
ヒーバート, J. 20, 37
フェルナンデス, C. 21, 106, 109, 110
ホワイトヘッド, J. 88

マ行
マーシュ, C. 23
マートン, F. 22, 67
的場正美 23
マルザーノ, R. J. 170

ヤ・ラ行
吉田誠 20, 106, 110
リー, C. 23, 144
ルイス, C. 21, 80, 106, 112, 116, 145, 146
ロー, M.-L. 22, 67

事項索引

A-Z

Academy of Singapore Teachers　143
AERA（American Educational Research Association）　82
APEC（Asia-Paciffic Economic Cooperation）　4
CEC　179
Ci-Nii　56
CPD（Continuing Professional Development）　43, 46, 52
critical friend　88, 90, 91, 92, 95
CSCL　199
CSSE（Canadian Society for the Study of Education）　82
ERICデータベース　5
GCE 'A' レベル　143
GCE 'N(A)' レベル　144
GCE 'O' レベル　143
GCSE（General Certificate of Secondary Education）　41
individual standard　92
International Journal of Learning Studies　23
JICA（Japan International Cooperation Agency）　4, 24
Jugyou Kenkyu　19
KH Coder　209, 211, 221
Learning Study　8, 23, 66, 214, 219, 220, 221, 225
Lesson Analysis　220, 221
Lesson Study　80, 218, 219, 220, 221, 222, 225
living standard　92
NPQH（National Professional Qualification for Headship）　52
OECD　56
PDSサイクル　24
PGCE（A postgraduate certificate in education）　53
PGM　60
PISA　56
PLC　145, 146, 191, 193
QTS　51, 52, 53
TALIS 調査　191
Teach Less Learn More　144
Teacher as Researcher　190
Teaching Study　8
Technology の活用　9
The Learning Gap　3
The Teaching Gap　3, 101, 103, 105
TIMSS（Trends in International Mathematics and Science Study）　3
UNESCO-APEID　27
Variation Theory　13
WALS（The World Association of Lesson Studies）　3, 19, 22, 66, 82, 144, 209, 210, 219, 221, 223

ア行

ICT 活用　121, 192, 197, 199
アクションリサーチ　7, 87, 91, 196
アジア太平洋経済協力　→APEC
生きることのアクションリサーチ理論　→リビング・アクションリサーチ・セオリー
イサカ・プロジェクト　179
一人称視点の授業研究　82
移転可能性　31
インドネシア　24, 28
インフォーマル学習　62
エクスプレス（高速）コース　143
エリート教員志望学生　125
オープンポリシー　174

カ行

概念的な知識の活用　162
科学的な知識　150, 152
学習障害　178
学習領域　165

課題設定　160
学級担任　122
学校組織　201
学校と地域のパートナーシップ　8
カリキュラム・デイ　174
カリキュラム会議　175
観察　149
観察記録簿　139
技術的な応用　152
技術の移転　22
教育学的知識（Pedagogical Content Knowledge）　9, 214
教育工学　22
教育工学的アプローチによる授業研究　11
教育実習　124
教育水準局（OFSTED）　36, 48
教員資格の更新制　126
教員の職能成長　7
教員バンク　176
教科書　158, 159
教科担任制　121, 141
教科チーム　141
教師の学習　82
教師の発問　160
クリティカルフレンド　→critical friend
グループ・メンタリング　60
グローバル・ソリューション　31
経験学習　203
形態素解析　211, 219
計量テキスト分析　209
研究授業　126, 130, 134, 137, 150
研究文化形成　82
検討会　161
厳密性か適切性か（rigor or relevance）　79
行為の中の省察（reflection in action）　79
高級教師　142
校内研究　189, 191, 192, 197
校内研修　188, 189
校務支援　201
国際協力　201, 204
国際算数数学授業研究プロジェクト　27

国際比較研究　20
コンサルタント　166

サ行
算数的な活動　130
次元分け　73
思考ルーチン　179
自己認識形成支援　91
システムズ・アプローチ　196
実践教学　124
実践共同体（Practice of Community）　146
実践研究　204
実用的な技術　150
指導案　149
指導計画会議　174
自発的持続的な授業研究　26
集団的な思考　160
重点学校　129
授業改善　219, 223
授業観察　140
授業研究　19, 80, 163, 188, 209, 212, 219, 221, 223
授業研究の移転　30
授業研究のグローバル化　29
授業研究の障害　169
授業研究のネットワーク　141
授業の社会的・思想的背景　81
授業のねらい　171
授業評価　140
授業分析　151, 212
授業リフレクション研究　91
首都師範大学（中国）　123
省察的実践家（reflective practitioner）　80, 196
職能　180
シンガポール　143, 148
スーパーバイザー　92, 95
スタンダード　176
生活綴り方　91
世界授業研究学会　→WALS
全国教職員養成研修機関（NCTL）　36

事項索引

専門家　126
専門核心課程　124
専門課程　124
専門職学習共同体（Professional Learning Community）　→PLC
専門方向課程　124
素質教育　122, 128, 139

タ行
多次元尺度構成法　221
知識の活用　151, 161
知的性向　179
中学校理科　151
筑波大学　27
『ティーチング・ギャップ』　→The Teaching Gap
ティーチングスクール（Teaching Schools）　36, 53
テキストマイニング　209
デザイン研究　197
東京学芸大学　27
特別支援教育部　175
独立行政法人国際協力機構　→JICA
途上国への教育支援　10
特級教師　142

ナ行
ナショナル・カリキュラム　36, 40, 41, 165
ナショナル・ストラテジー　40, 41, 44
21世紀型学習　165
21世紀型学力　163
日本教育工学会　3
『日本の授業研究』（上・下巻）　3
ノンフォーマル学習　62

ハ行
派遣教員　169, 176
バリエーション理論（Variation Theory）　68, 217, 218
反省的実践家　191

汎用的能力　166
ピア・グループ・メンタリング（Peer-Group Mentoring）　→PGM
比較授業分析　22
批評　149
標準コース　143
広島大学　27
フォーマル学習　62
文化的実践　22
文化の台本　21
補助教員　177
ボローニャ・プロセス　57
香港教育学院　22
本質的な問い　161

マ行
学び続ける教員像　194
学びの共同体　4
学びの研究文化　95
メタ認知　150
メンター　92
メンタリング　58, 190, 200
モデル化　192
モンゴル　26, 29
問題解決学習　159

ヤ行
養成課程における Lesson Study　9
4Cs　179

ラ・ワ行
理科　151
リビング・アクションリサーチ・セオリー（Living Action Research Theory）　88
リビング・セオリー（Living Theory）　92
リフレクション　190, 196
ルーブリック　86, 87, 181
ローカル・イノベーション　31
ローテーション　166
ワークショップ型　190, 197

231

執筆者紹介（執筆順，執筆担当）

小柳和喜雄（おやなぎ・わきお，編著者，奈良教育大学大学院教育学研究科）第1・4章

柴田 好章（しばた・よしあき，編著者，名古屋大学大学院教育発達科学研究科）第2・8章

野中 陽一（のなか・よういち，横浜国立大学教育人間科学部附属教育デザインセンター）第3章

澤本 和子（さわもと・かずこ，日本女子大学名誉教授）第5章

永田 智子（ながた・ともこ，兵庫教育大学大学院学校教育研究科）第6章

木原 俊行（きはら・としゆき，大阪教育大学大学院連合教職実践研究科）第7章

黒上 晴夫（くろかみ・はるお，関西大学総合情報学部）第9章

小島亜華里（こじま・あかり，関西大学大学院総合情報学研究科 総合情報学専攻）第9章

姫野 完治（ひめの・かんじ，北海道大学大学院教育学研究院）第10章

坂本 將暢（さかもと・まさのぶ，愛知工業大学基礎教育センター）資料